UNA GUÍA + UN CUADERNO DE CAMPO

FLORES DEL LITORAL MEDITERRÁNEO

Annie Aboucaya y Henri Michaud

LOS MOSAICOS DE LA NATURALEZA • 4

Agradecimientos

Bernadette Huyhn-Tan, responsable de la fototeca en el Conservatorio Botánico Nacional Mediterráneo de Porquerolles; Muriel Gasquy, responsable de la fototeca en el Parque Nacional de Port-Cros; David Geoffroy, referente de fauna terrestre en el Parque Nacional de Port-Cros; Christine Graillet, responsable del servicio de turismo sostenible – acogida y valorización de los patrimonios en el Parque Nacional de Port-Cros; Sylvia Lochon-Menseau, directora del Conservatorio Botánico Nacional Mediterráneo de Porquerolles; Elise Krebs, encargada de misión en el Parque Nacional de Port-Cros / Conservatorio Botánico Nacional Mediterráneo de Porquerolles

Primera edición: junio de 2025

Fotografías: ver pág. 96

Ilustraciones: Dominique Ciron, Aurore Colliou, Thierry Delétraz, Noël Gouilloux /
Catiche Productions

Infografías: Murielle Dubois / Glénat

© de la edición:
9 Grupo Editorial
Lectio Ediciones
C/ Mallorca, 314, 1º 2ª B - 08037 Barcelona
Tel. 977 60 25 91 - 93 363 08 23
lectio@lectio.es
www.lectio.es

Asesoramiento: Xavier Salat Brunel

Impresión: Leitzaran Grafikak

ISBN: 978-84-18735-82-0

DL T 474-2025

SUMARIO

PRESENTACIÓN

Una gran riqueza florística

Gracias a la diversidad de sus medios naturales, de su geología y de la historia de su formación, a la domesticación de la flora y a los usos humanos, la costa española, con una abundante diversidad de especies vegetales adaptadas a los suelos arenosos, salinos y con una fuerte presencia de aerosol marino, seguramente concentra una buena muestra de la riqueza florística de la península ibérica.

Una flora mediterránea muy especializada

A pesar de la suavidad invernal por la que es conocida, las plantas del litoral sufren grandes contrastes vinculados al calor estival, a los vientos violentos y a las salpicaduras de las olas que rompen y son transportadas por el viento, a menudo relacionados con la poca profundidad del suelo o con la presencia de sal. Por ello, presentan algunas adaptaciones originales, como un follaje permanente para poder aprovechar las lluvias durante todo el año (coscoja, pág. 86) y, con el objetivo de limitar la pérdida de agua por evaporación, hojas coriáceas, barnizadas (lentisco, pág. 54), incluso enrolladas en los bordes (romero, pág. 74; barrón, pág. 28), a veces recubiertas por una capa de pelos protectores (cineraria, pág. 39). En algunos casos, la reducción extrema de las hojas da lugar a agujas (pino carrasco, pág. 90) o provoca su caída en verano (alta reina, pág. 44).

Las plantas del litoral cuentan con diversas cartas maestras en su juego, como ralentizar su actividad vital durante el verano, hasta llegar a la desaparición total de las plantas anuales, o la pérdida de las partes aéreas, que son sustituidas por plantas perennes provistas de bulbos y rizomas. Algunas prefieren evitar el verano y se reproducen de forma precoz en primavera.

Las principales formaciones vegetales del litoral mediterráneo continental

En el conjunto geográfico que estamos tratando, existen grandes disparidades en cuanto a la textura del sustrato y a su naturaleza geológica, que condicionan la distribución de las formaciones vegetales y de las plantas. El litoral español presenta una gran variedad de sustratos, desde las rocas ácidas hasta las rocas calcáreas, suelos arenosos, humedales, dunas, zonas urbanizadas, tramos de ferrocarril, lo que da lugar a la creación de numerosos hábitats para las plantas.

Rocas litorales

En ellas se encuentra una formación vegetal basada en el hinojo marino (pág. 15) o varias especies de *Limonium*, a veces locales (*Limonium pseudominutum* y *Limonium cordatum* en la Provenza). Se acompañan de la boja marina (pág. 52), de la esula grande, del llantén menor, de la barba de Júpiter (pág. 23), del *Lotus cytisoides* (pág. 45) y del *Senecio leucanthemifolius*. Con la mayoría de estas especies también se encuentra la *Astragalus tragacantha* y la *Thymelaea tartonraira*, o la *Armeria ruscionensis* (pág. 27) y la *Limonium gerunense*, endémicas en las Alberas.

Formaciones arenosas marítimas

Generalmente degradadas por la sobreafluencia y la ocupación intensiva de la que ha sido víctima el litoral en los últimos años, a veces son objeto de medidas de restauración que adoptan la forma de protecciones mediante vallas de madera, especialmente en los espacios naturales protegidos. Desde el mar hacia el interior, se suceden las siguientes formaciones: asociadas a las mareas bajas, con plantas anuales como la oruga marítima (pág. 55); dunas en crecimiento que se desplazan, con gramíneas especializadas como el grama de la arena; dunas blancas con barrón (pág. 28), azucena de mar (pág. 14), cardo marítimo (pág. 68), carretón de playa (pág. 47), zanahoria bastarda (pág. 17), manzanilla marítima (pág. 19), berza marina (pág. 57), algodonosa (pág. 35), tártago de mar (pág. 85); duna gris o duna fija con rubia marina (pág. 51) con carrizales húmedos de lechuguilla (pág. 31); efedra (pág. 58); duna boscosa con pinedas, o sabinar con sabinas (pág. 83).

Las zonas húmedas litorales

Existen de varios tipos, en función de su origen, del carácter efímero de la entrada de agua o de su salinidad (agua dulce, salobre o salada). Los terrenos salinos ofrecen una gran diversidad de formaciones de saladares con salicornias perennes o anuales, y praderas salinas de juncos: junco espinoso (pág. 87), junco marítimo, *Plantago crassifolia* (pág. 91), lirio azul (pág. 73), boja blanca (pág. 37). Las praderas inundables empapadas de agua dulce son muy favorables para la campanilla (pág. 12), el narciso (pág. 13) y diversas especies de orquidáceas (*Serapias*, orquídeas...). En las depresiones de segunda línea de dunas bañadas por agua salada crecen cordones de tarajes. Algunos cursos de agua intermitentes albergan formaciones termófilas de sauzgatillos (pág. 75) o tarajes africanos. Los humedales mediterráneos que funcionan de forma natural se secan en verano. La tendencia actual al mantenimiento con agua artificial (efecto indirecto del riego con fines agrícolas o cinegéticos) provoca en general su artificialización, con la consiguiente proliferación de plantas exóticas invasoras.

Los prados anuales
Siendo el elemento más importante de la vegetación mediterránea, ofrecen una composición diferente según si el sustrato es ácido o calizo.

Maquias y garrigas
A veces agrupadas bajo el concepto de matorrales, constituyen formaciones dominadas por arbustos, muy presentes en el Mediterráneo y muy visibles en el paisaje. Las especies principales pueden variar según la naturaleza del sustrato, pero encontramos jaras, mirto (pág. 25), romero (pág. 74), brezos y aliagas.

Formaciones forestales
En los lugares más cálidos, se desarrolla el matorral formado por el lentisco (pág. 54) y el olivo (pág. 26), y algunas veces la alta reina (pág. 44) o el palmito (pág. 81). Las formaciones de sabinas colonizan los suelos arenosos o rocosos expuestos al viento. Los pinares de pino carrasco (p. 90), indiferentes al sustrato, han crecido mucho en España. En suelos arenosos crece el pino piñonero, y sobre suelos ácidos aún pueden encontrarse algunos pinares de pino negral. La coscoja (pág. 86), igualmente muy frecuente, coloniza grandes superficies, a menudo en zonas que han sufrido incendios.

Formaciones nitrófilas
Engendradas por las actividades humanas, las encontramos en los sectores periurbanos: en los bordes de los caminos y carreteras, campos, terrenos en desuso o en zonas de pasto con ejemplares, entre otros, de adormidera marina (pág. 49), abrojo (pág. 53) y ortigas. En los islotes, donde crecen formaciones vegetales más naturales, pero igualmente muy nitrófilas, vinculadas a las deyecciones de las aves marinas, pueden encontrarse la cerraja (pág. 42), la *Frankenia hirsuta* (p. 60) y la malva arbórea (p. 63).

Criterios para elegir las 80 plantas que presentamos
Con el objetivo de facilitar la observación, hemos tratado preferentemente las plantas que están bien representadas en el litoral mediterráneo. También se incluyen algunas plantas que no están tan extendidas pero que son destacables y nos ha parecido indispensable mencionarlas.

Nuestra selección busca una cierta representatividad en términos de familias botánicas y de la estrategia de vida de las plantas, especialmente en lo que respecta al paso de la difícil estación que es el verano (plantas anuales, plantas con bulbos o con rizomas, plantas perennes). La elección de las especies también intenta reflejar la gran riqueza de los medios naturales y de las formaciones vegetales existentes.

Finalmente, la gravedad de los problemas que plantean las plantas exóticas invasoras obliga a abordarlos mediante algunos ejemplos. Varias decenas de especies fueron introducidas de forma consciente en el pasado, generalmente con fines ornamentales, y hoy en día son muy dinámicas y pueden considerarse problemáticas para los equilibrios naturales, la salud o la seguridad públicas (riesgos crecientes de alergias graves, incendios o inundaciones). A menudo tienen efectos económicos importantes debido a los perjuicios que causan a las actividades comerciales y suponen una banalización del paisaje, lo que va en contra de los intereses del turismo. Los gestores de espacios naturales deben llevar a cabo numerosas operaciones muy costosas para controlarlas y limitar o evitar la propagación de estas plantas y de sus efectos no deseados: hallamos ejemplos de ello en el diente de león (pág. 34), la mimosa de invierno, el plumero de la Pampa (pág. 29), el agrio (pág. 48), el bácaris (pág. 20), las *Ludwigia grandiflora*, entre muchas otras.

Annie Aboucaya y Henri Michaud

CÓMO USAR ESTA GUÍA

❶ Las especies han sido clasificadas en función del color dominante de sus flores, en cinco capítulos fáciles de localizar mediante un recuadro de colores:

- ▦ blanco o crema;
- ▮ amarillo o naranja;
- ▮ rojo o rosa;
- ▮ azul o violeta;
- ▮ verde o marrón.

Dentro de cada capítulo, las especies han sido clasificadas por orden alfabético de su nombre, primero por las familias, después por los géneros y finalmente por las especies.

❷ **Nombre común:** nombre habitual de la especie en castellano.

❸ **Nombre científico:** formado por dos palabras, generalmente de origen latín o griego, que designan respectivamente el género y la especie. En algunos casos raros, también se indica la subespecie (precedida de la abreviatura *ssp.*).

Familia: nombre de la familia botánica en castellano.

Altura de la planta.

Periodo de floración.

Hábitats principales: este apartado indica los principales hábitats dentro de los que la especie es conocida en el territorio que este libro considera.

Tipo biológico: este apartado da algunos elementos sobre la duración de la vida de la planta. Planta anual: un año de duración de la vida, una única floración; perenne: larga duración de su vida, la floración es posible cada año; planta perenne monocarpiana: que vive algunos años y al final florece y muere.

Frecuencia: hace referencia a la frecuencia con la que se encuentra la especie en el territorio considerado por este libro.

Distribución: este apartado indica la presencia de la planta en el litoral mediterráneo español.

Protección legal: este apartado aparece únicamente si la especie está protegida reglamentariamente en el conjunto del territorio español o en alguna de las regiones consideradas.

❹ **El texto** comporta una descripción detallada de la planta, y evoca sus particularidades, el hábitat, las posibles confusiones con especies parecidas, sus virtudes eventuales, usos y toxicidad, el origen de su nombre, las relaciones notables con otras especies...

❺ **Dibujo lineal** que representa la planta en su medio ambiente.

❻ **Vista de cerca** de la flor o de las flores (a veces de los frutos).

2 ## ORUGA MARÍTIMA

55

Característica de las formaciones vegetales anuales de las tierras inundadas por el mar (ver la introducción), la oruga marítima coloniza suelos arenosos enriquecidos en nitrógeno por los aportes marinos. Esta planta comestible, rica en vitamina C, es muy característica, con hojas carnosas separadas, flores rosadas y frutos caducos originales. Estos frutos presentan dos cuernos en la base que no se encuentran en los frutos de la subespecie del litoral oceánico (ssp. *integrifolia*). Antiguamente muy extendida por todas las costas, la oruga marítima está actualmente amenazada por el pisoteo y la limpieza mecánica de las playas.

NOMBRE CIENTÍFICO
Cakile maritima subsp. *maritima*

FAMILIA
Brasicáceas

ALTURA
10-40 cm

PERIODO DE FLORACIÓN
Abril-octubre

HÁBITATS PRINCIPALES
Playas

TIPOLOGÍA BIOLÓGICA
Anual

FRECUENCIA
Común

DISTRIBUCIÓN
En todo el litoral mediterráneo

ADVERTENCIA

La recolección repetida puede tener efectos negativos sobre las plantas, llegando incluso a hacer desaparecer especies enteras. Los intentos de trasplantar plantas litorales a menudo conducen al fracaso debido a sus estrictas exigencias ecológicas y al desarrollo insospechado de su sistema radicular en la naturaleza. Muchas especies de plantas están protegidas por la ley, que prohíbe cualquier tipo de recolección, incluso de semillas o esquejes, con el fin de evitar la regresión de las poblaciones silvestres. Lo mismo ocurre con las especies naturales protegidas. En la mayoría de los territorios, el derecho de propiedad también puede prohibir su recolección. Por último, también se puede hablar del uso de ciertas plantas. Por todo ello, es necesaria una identificación precisa. En ningún caso esta guía puede sustituir el trabajo de una obra de clasificación.

A lo largo de las costas de España existe toda una serie de sistemas naturales que disfrutan de distintos grados de protección, desde los parques naturales hasta los espacios naturales de interés nacional y diversas reservas naturales. Podemos poner como ejemplos el cabo de Creus, las islas Medes, el delta del Llobregat, el delta del Ebro, la Albufera de Valencia, el cabo de Gata, el mar Menor, etc.

FLORES DEL LITORAL MEDITERRÁNEO
GUÍA DE ESPECIES

CAMPANILLA

Se parece bastante al campanilla de invierno. Su floración en pleno invierno ilumina los prados húmedos
y las orillas de los cursos de agua. Se encuentra muy
localizada y es escasa. Está en regresión debido a
la destrucción continuada de las zonas húmedas
litorales y, sin duda, también por las recogidas
y arrancamientos ilegales. Una especie próxima,
de floración algo más tardía, la *Leucojum aestivum*,
también se encuentra muy localizada. Se distingue de su parienta por la corola más
grande, manchada y de color amarillo pálido (la campanilla tiene unos tonos verdes
vivos pálidos).

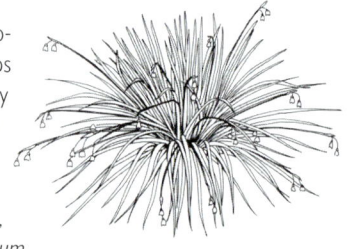

NOMBRE CIENTÍFICO
Leucojum pulchellum

FAMILIA
Amarilidáceas

ALTURA
20-60 cm

PERIODO DE FLORACIÓN
Enero-marzo

HÁBITATS PRINCIPALES
Prados húmedos

TIPOLOGÍA BIOLÓGICA
Perenne

FRECUENCIA
Rara

DISTRIBUCIÓN
En las Alberas y Baleares

NARCISO

Este hermoso narciso mediterráneo se caracteriza por el delicioso aroma de sus corolas bicolores agrupadas en umbelas. Si se observa una flor de cerca, puede verse un círculo de seis tépalos blancos y una pequeña pieza amarillenta en forma de corona, la paracorola. Este narciso puede encontrarse en lugares temporalmente húmedos: roquedos y maquias litorales empapadas, prados húmedos, en las orillas de cursos de agua. Los narcisos son tóxicos y existen muchas variedades cultivadas. Según la mitología griega, Narciso era un efebo (bello adolescente afeminado) enamorado de sí mismo que se ahogó al contemplar su reflejo en un lago; por esta razón, los dioses dieron su nombre a una hermosa planta.

NOMBRE CIENTÍFICO
Narcissus tazetta

FAMILIA
Amarilidáceas

ALTURA
10-80 cm

PERIODO DE FLORACIÓN
Febrero-abril

HÁBITATS PRINCIPALES
Zonas húmedas temporales

TIPOLOGÍA BIOLÓGICA
Perenne

FRECUENCIA
Común

DISTRIBUCIÓN
Desde Gerona hasta el estrecho de Gibraltar

AZUCENA DE MAR

Bien conocida por su magnífica floración veraniega, la azucena de mar produce numerosas semillas negras, bastante grandes, que se asemejan al carbón, ligeras e impermeables, que se propagan de playa en playa. Es una de las plantas huésped de la polilla de lirio (*Brithys crini*), una mariposa nocturna cuya oruga no pasa desapercibida por su aspecto negro y blanco. Paga un alto precio por el acondicionamiento de los litorales, la sobreafluencia de las playas y su limpieza mecanizada; aunque está protegida, en algunos lugares se encuentra en fuerte regresión. La protección de las dunas mediante empalizadas de estacas le resulta beneficiosa.

NOMBRE CIENTÍFICO
Pancratium maritimum

FAMILIA
Amarilidáceas

ALTURA
20-60 cm

PERIODO DE FLORACIÓN
Julio-septiembre

HÁBITATS PRINCIPALES
Playas, dunas

TIPOLOGÍA BIOLÓGICA
Perenne

FRECUENCIA
Se encuentra en playas con baja frecuentación

DISTRIBUCIÓN
En toda la costa mediterránea

HINOJO MARINO

Llamado también rompepiedras, crece sobre los roquedos litorales sometidos a las salpicaduras marinas, pero también en las rocas de las bahías, en playas arenosas e incluso en viejos muros. Se reconoce por sus hojas carnosas muy divididas. Florece bien entrado el año, en largas umbelas de color crema. Su tolerancia a las salpicaduras marinas (se dice que es una planta halófila) y su capacidad para crecer en las fisuras de la roca desnuda gracias a un potente sistema radicular explican que se encuentre en una formación vegetal que es la más próxima al mar, en compañía de otras plantas perfectamente adaptadas a este entorno.

NOMBRE CIENTÍFICO
Crithmum maritimum

FAMILIA
Apiáceas

ALTURA
10-50 cm

PERIODO DE FLORACIÓN
Julio-octubre

HÁBITATS PRINCIPALES
Litorales rocallosos

TIPOLOGÍA BIOLÓGICA
Perenne

FRECUENCIA
Muy común

DISTRIBUCIÓN
En todo el litoral mediterráneo

ZANAHORIA MARINA

Crece en los roquedos litorales bien humedecidos por las salpicaduras y es típica por sus hojas brillantes. Ofrece a los insectos recolectores largas umbelas formadas por una miríada de pequeñas flores blancas, que a veces presentan una flor central de color púrpura. Forma parte del complejo grupo de las zanahorias silvestres, que están en el origen de nuestras variedades domésticas y que podrían utilizarse en el futuro para crear nuevas variedades gracias a un paciente trabajo de selección genética. En las recolecciones en el medio natural, es imprescindible asegurarse bien de haber identificado correctamente la planta, ya que existen otras apiáceas muy similares que podrían resultar tóxicas (cicutas, *Oenanthe*…).

NOMBRE CIENTÍFICO
Daucus carota ssp. *hispanicus*

FAMILIA
Apiáceas

ALTURA
20-120 cm

PERIODO DE FLORACIÓN
Abril-octubre

HÁBITATS PRINCIPALES
Litorales rocallosos

TIPOLOGÍA BIOLÓGICA
Perenne monocárpica

FRECUENCIA
Muy común

DISTRIBUCIÓN
En toda la costa mediterránea

ZANAHORIA BASTARDA

Su nombre científico sugiere su característica principal, es decir, la profusión de espinas que recubren la planta. Verdosa y muy ramificada, esta planta es visible durante la estación cálida en las dunas, cuando desarrolla sus inflorescencias en forma de umbelas. Después, sus tallos se rompen por la base y forman haces que ruedan impulsados por el viento. En invierno, solo queda la parte subterránea. Fuera de las zonas protegidas por vallas destinadas a restaurar las dunas, la planta, en regresión a nivel general, está muy amenazada por la urbanización y el acondicionamiento del litoral, la limpieza mecánica de las playas y el pisoteo.

NOMBRE CIENTÍFICO
Echinophora spinosa

FAMILIA
Apiáceas

ALTURA
20-50 cm

PERIODO DE FLORACIÓN
Julio-octubre

HÁBITATS PRINCIPALES
Dunas

TIPOLOGÍA BIOLÓGICA
Perenne

FRECUENCIA
Bastante común

DISTRIBUCIÓN
En todo el litoral desde Gerona hasta Murcia

MATACÁN

El matacán se encuentra en las formaciones que crecen detrás de las dunas y los cañaverales, en suelos arenosos. Supera los inviernos gracias a su raíz principal, de la cual brotan en primavera unos tallos que se enredan o se arrastran, cubiertos de hojas verdosas, suaves, en forma de corazón con una cruz en la base. Gracias a su crecimiento muy dinámico, esta planta voluble emparentada con las vincas es capaz de trepar por encima de otras plantas, a las que cubre durante el verano. Sus pequeñas flores en forma de estrella, blancas o rosadas, son olorosas y se agrupan en pequeños ramilletes. Esta planta segrega un látex que es muy tóxico.

NOMBRE CIENTÍFICO
Cynanchum acutum

FAMILIA
Apocináceas

ALTURA
1-3 m

PERIODO DE FLORACIÓN
Junio-septiembre

HÁBITATS PRINCIPALES
Zonas húmedas

TIPOLOGÍA BIOLÓGICA
Perenne

FRECUENCIA
Rara

DISTRIBUCIÓN
Presente en casi todo el litoral mediterráneo

MANZANILLA MARÍTIMA

La manzanilla marítima no es muy alta, pero puede formar grandes masas, y su sistema de raíces desarrollado contribuye a la fijación de las dunas blancas. Tiene hojas olorosas muy recortadas y unos capítulos florales que se asemejan a los de las margaritas, formados por pequeñas flores tubulares amarillas en el centro y lígulas blancas en la periferia. Esta planta a veces se utiliza para fijar taludes, lo que explica que pueda encontrarse fuera del litoral. No tiene un insecto polinizador específico, pero alberga a la oruga de una pequeña mariposa nocturna, *Phalonidia contractana*, que roe las hojas de las plantas de las que se alimenta.

NOMBRE CIENTÍFICO
Anthemis maritima

FAMILIA
Asteráceas

ALTURA
5-20 cm

PERIODO DE FLORACIÓN
Abril-julio

HÁBITATS PRINCIPALES
Dunas

TIPOLOGÍA BIOLÓGICA
Perenne

FRECUENCIA
Poco común

DISTRIBUCIÓN
Localizada en las costas de Gerona, Barcelona, Baleares y Comunidad Valenciana

BÁCARIS

Originario de América del Norte, este arbusto fue introducido en Francia en el siglo XVII con fines ornamentales. Puede ser imponente y coloniza de manera muy rápida las zonas húmedas litorales. Plantea los problemas habituales que presentan todas las plantas exóticas invasoras: competencia con las plantas locales por la luz, el espacio y los nutrientes; banalización del paisaje; cierre de los prados, y un alto coste para su erradicación. Por otro lado, es tóxica y aumenta el riesgo de incendio debido a su biomasa combustible. Al final del verano, cada pie hembra produce hasta un millón de aquenios sedosos que el viento se encarga de dispersar.

NOMBRE CIENTÍFICO
Baccharis halimifolia

FAMILIA
Asteráceas

ALTURA
Hasta 3 m

PERIODO DE FLORACIÓN
Agosto-octubre

HÁBITATS PRINCIPALES
Zonas húmedas

TIPOLOGÍA BIOLÓGICA
Perenne

FRECUENCIA
Localizada (en expansión)

DISTRIBUCIÓN
Ampurdán y alguna localización en las costas de Barcelona y Tarragona

SILENE

Esta pequeña planta cercana a los claveles está recubierta de pelos glandulosos que la hacen pegajosa y capturan los granos de arena. Presenta hojas opuestas y flores blanquecinas con pétalos bífidos. Exigente en cuanto al sustrato, crece sobre todo en las arenas ricas en sílice, lo que explica su distribución reducida en el litoral. La silene está en regresión debido a la degradación de los medios litorales desde hace aproximadamente sesenta años.

NOMBRE CIENTÍFICO
Silene nicaeensis

FAMILIA
Cariofiláceas

ALTURA
10-40 cm

PERIODO DE FLORACIÓN
Abril-junio

HÁBITATS PRINCIPALES
Dunas

TIPOLOGÍA BIOLÓGICA
Perenne monocárpica

FRECUENCIA
Rara (en regresión)

DISTRIBUCIÓN
Presente en todo el litoral mediterráneo

JAGUARZO MORISCO

El jaguarzo morisco, común en zonas con suelos ricos en sílice, se encuentra junto a otra especie cercana, el jaguarzo negro (*Cistus monspeliensis*), del que se distingue por sus hojas anchas, rugosas y pecioladas, y por sus flores pedunculadas (hojas estrechas casi sésiles de color verde oscuro y flores sésiles en el caso del jaguarzo negro). El jaguarzo morisco también es menos oloroso y menos pegajoso. Los jaguarzos están espléndidos al inicio de la primavera, periodo de su floración masiva. Estas formaciones representan un estadio pionero de la vegetación, y las semillas germinan más fácilmente tras un incendio, fenómeno que da testimonio de su adaptación al medio mediterráneo.

NOMBRE CIENTÍFICO
Cistus salviifolius

FAMILIA
Cistáceas

ALTURA
20-80 cm

PERIODO DE FLORACIÓN
Abril-mayo

HÁBITATS PRINCIPALES
Maquias y garrigas litorales, dunas boscosas

TIPOLOGÍA BIOLÓGICA
Perenne

FRECUENCIA
Bastante común

DISTRIBUCIÓN
En todo el litoral

BARBA DE JÚPITER

Este arbusto se caracteriza por sus hojas divididas en folíolos plateados y su floración en grandes ramos de un blanco cremoso. Su denso revestimiento de pelos lo protege de la sequía y de las salpicaduras marinas. Ocupa un área restringida del Mediterráneo occidental. Se encuentra sobre los roquedos litorales, a veces sobre los acantilados terrestres o en zonas arenosas. Esta planta estética y resistente tiene un uso hortícola siempre que se obtenga la autorización correspondiente, ya que es una especie protegida.

NOMBRE CIENTÍFICO
Anthyllis barba-jovis

FAMILIA
Fabáceas

ALTURA
50-200 cm

PERIODO DE FLORACIÓN
Marzo-mayo

HÁBITATS PRINCIPALES
Litorales rocallosos

TIPOLOGÍA BIOLÓGICA
Perenne

FRECUENCIA
Poco común

DISTRIBUCIÓN
Citada alrededor de Amposta

BOCHA

Este subarbusto en forma de matorral, leñoso en su base, está cubierto de hojas compuestas por cinco folíolos. Sus flores blancas (manchadas de negro en la cresta), muy pequeñas, se agrupan en pequeños ramilletes y se transforman en diminutas vainas. Se pueden encontrar bochas en medios cálidos y secos, especialmente sobre un sustrato calcáreo. Es una planta melífera apreciada por los insectos y una de las plantas huésped de la *Zygaena lavandulae* (una polilla). Otra subespecie, *Dorycnium pentaphyllum* ssp. *herbaceum*, más grácil y sin parte leñosa, crece en zonas húmedas y en depresiones situadas más al interior de las dunas.

NOMBRE CIENTÍFICO
Dorycnium pentaphyllum ssp. *pentaphyllum*

FAMILIA
Fabáceas

ALTURA
10-50 cm

PERIODO DE FLORACIÓN
Abril-mayo

HÁBITATS PRINCIPALES
Garrigas litorales, dunas boscosas

TIPOLOGÍA BIOLÓGICA
Perenne

FRECUENCIA
Muy común

DISTRIBUCIÓN
Distribuida por todo el litoral mediterráneo

MIRTO

Este arbusto, con hojas de un verde vivo, brillantes y muy perfumadas, cubierto a principios del verano de flores blancas con largos y numerosos estambres, es característico de las formaciones forestales bajas, donde se encuentra junto al lentisco (p. 54). Posee numerosas propiedades medicinales. Una vez maduros, a finales del otoño, sus frutos de un negro azulado son apreciados por las aves y se utilizan para hacer mermeladas, vino y licor. Consagrado a Afrodita en la antigua Grecia, el mirto simboliza el amor.

NOMBRE CIENTÍFICO
Myrtus communis

FAMILIA
Mirtáceas

ALTURA
1-3 m

PERIODO DE FLORACIÓN
Junio-julio

HÁBITATS PRINCIPALES
Maquias litorales

TIPOLOGÍA BIOLÓGICA
Perenne

FRECUENCIA
Rara

DISTRIBUCIÓN
Escasa en todo el litoral

OLIVO

La presencia de los olivos caracteriza el clima mediterráneo. En las zonas más cálidas, puede observarse la forma silvestre, llamada acebuche, ni cultivada ni injertada, aunque morfológicamente imposible de distinguir. En todo el mundo mediterráneo existen cientos de cultivos de olivo, que constituyen el patrimonio oleícola. Este árbol, muy longevo (hasta unos dos mil años en el caso del conocido olivo de Roquebrune-Cap-Martin, en los Alpes Marítimos), está fuertemente cargado de simbolismo: victoria, prosperidad y fidelidad en la mitología griega; paz y perdón en la Biblia. La rama de olivo, símbolo de la paz, aparece en la bandera de la ONU y en el atuendo de los académicos.

NOMBRE CIENTÍFICO
Olea europaea

FAMILIA
Oleáceas

ALTURA
1-10 m

PERIODO DE FLORACIÓN
Mayo-junio

HÁBITATS PRINCIPALES
Maquias y garrigas litorales

TIPOLOGÍA BIOLÓGICA
Perenne

FRECUENCIA
Localizada (forma silvestre)

DISTRIBUCIÓN
Por todas partes, en cultivos abandonados cerca de la costa

ARMERIA RUSCINONENSIS

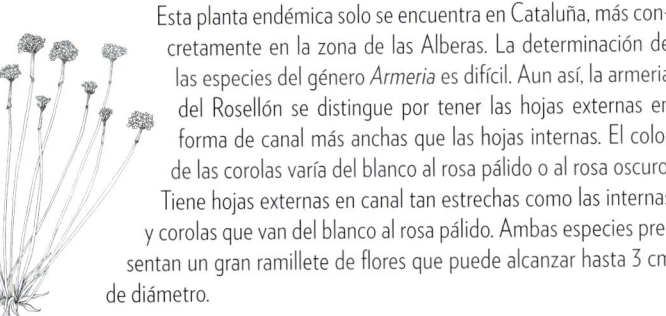

Esta planta endémica solo se encuentra en Cataluña, más concretamente en la zona de las Alberas. La determinación de las especies del género *Armeria* es difícil. Aun así, la armeria del Rosellón se distingue por tener las hojas externas en forma de canal más anchas que las hojas internas. El color de las corolas varía del blanco al rosa pálido o al rosa oscuro. Tiene hojas externas en canal tan estrechas como las internas y corolas que van del blanco al rosa pálido. Ambas especies presentan un gran ramillete de flores que puede alcanzar hasta 3 cm de diámetro.

NOMBRE CIENTÍFICO
Armeria ruscinonensis

FAMILIA
Plumbagináceas

ALTURA
10-50 cm

PERIODO DE FLORACIÓN
Abril-junio

HÁBITATS PRINCIPALES
Litorales rocallosos

TIPOLOGÍA BIOLÓGICA
Perenne

FRECUENCIA
Rara y muy localizada

DISTRIBUCIÓN
Ampurdán

BARRÓN

Esta elegante gramínea de silueta espigada y con inflorescencias estrechas y blanquecinas coloniza las dunas, que contribuye a fijar gracias a su potente sistema radicular, consistente en largos rizomas. Es característica de las dunas blancas. Se trata de una subespecie particular del barrón propio de las costas mediterráneas, mientras que el litoral atlántico acoge la subespecie *arenaria*. El barrón resiste la presión de la arena gracias a sus raíces, las salpicaduras marinas y la sequía, así como a la capacidad de sus anchas hojas para enrollarse o desenrollarse según la higrometría. Por estas razones, a menudo se planta cuando se llevan a cabo operaciones de restauración de medios dunares.

NOMBRE CIENTÍFICO
Ammophila arenaria ssp. *arundinacea*

FAMILIA
Poáceas

ALTURA
50-130 cm

PERIODO DE FLORACIÓN
Mayo-junio

HÁBITATS PRINCIPALES
Dunas

TIPOLOGÍA BIOLÓGICA
Perenne

FRECUENCIA
Común

DISTRIBUCIÓN
Arenales de todo el litoral mediterráneo

PLUMERO DE LA PAMPA

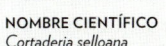

Esta gramínea gigante originaria de Sudamérica ha sido plantada con frecuencia con fines ornamentales, ya que forma grandes masas gracias a sus largas hojas caídas y presenta una floración espectacular en forma de grandes penachos blanquecinos. Sin embargo, se trata de una planta invasora muy agresiva, que compite con las especies locales y destruye las formaciones naturales. También es una planta muy inflamable y, además, sus hojas son muy cortantes. Cada pie hembra de esta planta dioica puede producir hasta diez millones de semillas, que el viento puede dispersar en un radio de hasta 25 km.

NOMBRE CIENTÍFICO
Cortaderia selloana

FAMILIA
Poáceas

ALTURA
2-4 m

PERIODO DE FLORACIÓN
Junio-octubre

HÁBITATS PRINCIPALES
Zonas húmedas, dunas, prados

TIPOLOGÍA BIOLÓGICA
Perenne

FRECUENCIA
Muy común (en expansión)

DISTRIBUCIÓN
Coloniza todo el litoral mediterráneo

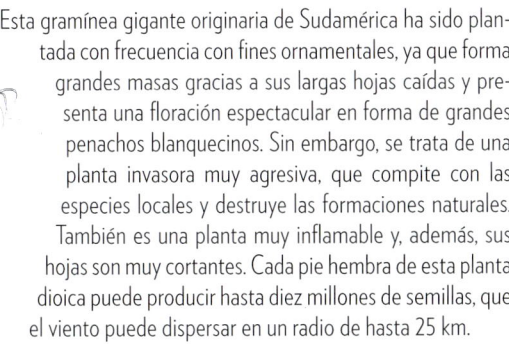

CARRICERA

Esta singular gramínea, que crece en grandes colonias, eleva sus altas y robustas cañas en las depresiones situadas detrás de las dunas y en los bancos arenosos junto a los cursos de agua. Tiene hojas largas, rugosas en los bordes, y grandes inflorescencias blanquecinas y sedosas de entre 30 y 50 cm de longitud. Esta especie, botánicamente cercana a la caña de azúcar, no debe confundirse con una poácea exótica invasora de aspecto similar, el plumero de la Pampa (p. 29). Por el contrario, la carricera ha sufrido un gran retroceso, salvo en la Camarga, debido a la degradación de las zonas húmedas y a la artificialización de las orillas de los cursos fluviales.

NOMBRE CIENTÍFICO
Tripidium ravennae

FAMILIA
Poáceas

ALTURA
1-4 m

PERIODO DE FLORACIÓN
Agosto-octubre

HÁBITATS PRINCIPALES
Zonas húmedas

TIPOLOGÍA BIOLÓGICA
Perenne

FRECUENCIA
Poco común (en regresión)

DISTRIBUCIÓN
Presente en las costas de todo el litoral mediterráneo

LECHUGUILLA

En francés, el nombre de esta pequeña planta sin pelos —*mouron d'eau*— sugiere una fuerte humedad. Crece en los márgenes de zonas húmedas temporales o permanentes, en surgencias de agua dulce o salobre, a menudo en poblaciones importantes. Presenta una roseta de hojas basales con un nervio central bien visible y pequeñas flores blancas dispuestas en grandes racimos poco consistentes. Aunque se encuentra en todas las regiones templadas del planeta, está globalmente amenazada por la destrucción o alteración de las zonas húmedas.

NOMBRE CIENTÍFICO
Samolus valerandi

FAMILIA
Primuláceas

ALTURA
10-60 cm

PERIODO DE FLORACIÓN
Mayo-octubre

HÁBITATS PRINCIPALES
Zonas húmedas

TIPOLOGÍA BIOLÓGICA
Perenne

FRECUENCIA
Muy común

DISTRIBUCIÓN
Presente en toda la costa

GAMÓN

Esta planta robusta y erecta tiene hojas largas, todas basales, de sección triangular, y raíces tuberosas. Su inflorescencia, en forma de gran racimo a menudo ramificado, se compone de flores blancas con seis tépalos en forma de estrella, que presentan en la base de su pedúnculo una bráctea pálida. Estas flores producen grandes frutos de color amarillo de más de 16 mm de largo (de ahí proviene el nombre de esta especie). El gamón crece en medios abiertos sobre suelos calcáreos, en garrigas pedregosas, dunas boscosas o pastizales. En este último medio, puede prosperar gracias a que el ganado no la consume, como ocurre normalmente con las especies de este género.

NOMBRE CIENTÍFICO
Asphodelus cerasiferus

FAMILIA
Asfodeloideas

ALTURA
80-150 cm

PERIODO DE FLORACIÓN
Abril-junio

HÁBITATS PRINCIPALES
Medios abiertos

TIPOLOGÍA BIOLÓGICA
Perenne

FRECUENCIA
Común

DISTRIBUCIÓN
Presente en toda la costa mediterránea

OROPESO

Esta delicada planta tiene hojas finas, a menudo torcidas en la roseta, y sus flores bicolores —blancas en el interior, teñidas de rosa violáceo en el exterior— se agrupan en panículas poco consistentes. Pueden formar alfombras densas en algunos lugares, sobre praderas rocosas húmedas durante el invierno y en el sotobosque de las maquias claras. Resiste bien a los factores naturales imprevisibles como incendios, sequías, inundaciones o heladas. Solo se encuentra en suelos ácidos. Este tipo de lirio es una planta rara y localizada en el litoral mediterráneo continental, donde puede mostrarse localmente abundante.

NOMBRE CIENTÍFICO
Simethis mattiazzii

FAMILIA
Asfodeloideas

ALTURA
15-40 cm

PERIODO DE FLORACIÓN
Marzo-mayo

HÁBITATS PRINCIPALES
Medios abiertos

TIPOLOGÍA BIOLÓGICA
Perenne

FRECUENCIA
Muy rara

DISTRIBUCIÓN
Muy localizada en las costas de Gerona, Murcia y Málaga

PROTECCIÓN LEGAL
Especie en peligro

DIENTE DE LEÓN

Muy presente en nuestras costas, se reconoce por sus tallos rastreros, sus hojas carnosas de sección triangular y su espectacular floración, rosa o amarilla. Originario del sur de África y ampliamente plantado, este grupo de especies exóticas invasoras muy dinámicas (*Carpobrotus edulis*, *Carpobrotus acinaciformis* y sus híbridos) figura entre las más problemáticas del Mediterráneo, debido a los daños que ocasiona: eliminación de plantas endémicas, modificación del suelo, banalización del paisaje. Entre los gestores de espacios naturales se multiplican las extracciones manuales con el objetivo de restaurar el medio y tratar de controlar esta plaga vegetal, que, desgraciadamente, todavía se comercializa.

NOMBRE CIENTÍFICO
Carpobrotus edulis

FAMILIA
Aizoáceas

ALTURA
10-20 cm

PERIODO DE FLORACIÓN
Abril-mayo

HÁBITATS PRINCIPALES
Litorales rocallosos, dunas

TIPOLOGÍA BIOLÓGICA
Perenne

FRECUENCIA
Muy común

DISTRIBUCIÓN
Presente en todo el litoral mediterráneo

ALGODONOSA

Esta planta aromática, que crece en las dunas formando mantos bajos cubiertos de hojas, recubiertas de un fieltro blanco y algodonoso, no puede confundirse con ninguna otra. En verano desarrolla capítulos florales globosos con flores amarillas, siempre tubulares. Presente en buena parte de las costas españolas, la algodonosa contribuye a fijar la arena y a mantener las dunas. Su revestimiento lleno de pelos constituye una excelente adaptación a la sequía y a las salpicaduras marinas. Como muchas otras plantas ligadas a los medios dunares, está en regresión debido a la urbanización descontrolada del litoral, la excesiva afluencia a las playas y su limpieza mecanizada.

NOMBRE CIENTÍFICO
Achillea maritima

FAMILIA
Asteráceas

ALTURA
15-50 cm

PERIODO DE FLORACIÓN
Junio-septiembre

HÁBITATS PRINCIPALES
Dunas

TIPOLOGÍA BIOLÓGICA
Perenne

FRECUENCIA
Rara (en regresión)

DISTRIBUCIÓN
Presente casi todo el litoral mediterráneo

PROTECCIÓN LEGAL
En peligro

MANZANILLA LOCA

La manzanilla loca crece en los prados arenosos, en lugares abandonados, preferentemente en hábitats que han sido objeto de frecuente uso (peatonalización, aporte de nitratos). Se encuentra tanto junto al mar como tierra adentro. Es una planta robusta, generalmente ramificada, con tallo erecto y cubierto de hojas muy espaciadas y peludas. Produce grandes capítulos dorados, rodeados de lígulas, que iluminan la costa. Sus frutos son aquenios rematados por un ala más o menos ancha en la base, lo que facilita su dispersión por el viento.

NOMBRE CIENTÍFICO
Anacyclus radiatus

FAMILIA
Asteráceas

ALTURA
20-60 cm

PERIODO DE FLORACIÓN
Mayo-agosto

HÁBITATS PRINCIPALES
Campos arenosos
abandonados, playas

TIPOLOGÍA BIOLÓGICA
Anual

FRECUENCIA
Rara

DISTRIBUCIÓN
Citada en todo el litoral
mediterráneo

BOJA BLANCA

La boja blanca es una planta muy aromática, a menudo leñosa en su base, que crece en matas y está recubierta de una pelusa blanquecina. Presenta hojas inferiores divididas en tiras largas y estrechas, y hojas superiores enteras. Puede encontrarse en los márgenes de zonas húmedas litorales, en costas rocosas sobre sustratos arenosos o limosos, y a veces tierra adentro, en afloramientos salinos. A menudo se rodea de varias especies de *Limonium* spp. En el Mediterráneo es el huésped exclusivo de la *Orobanche cernua*. Como todas las especies de orobancas, esta planta parásita, desprovista de clorofila, depende totalmente de su planta huésped para alimentarse.

NOMBRE CIENTÍFICO
Artemisia caerulescens ssp. *gallica*

FAMILIA
Asteráceas

ALTURA
15-60 cm

PERIODO DE FLORACIÓN
Septiembre-noviembre

HÁBITATS PRINCIPALES
Zonas húmedas

TIPOLOGÍA BIOLÓGICA
Perenne

FRECUENCIA
Bastante común

DISTRIBUCIÓN
Citada por toda la costa catalana y valenciana; citada en Murcia

PERPETUA SILVESTRE

Esta planta muy aromática forma matas compactas y blanquecinas en las dunas estabilizadas y en el interior de las tierras, en praderas arenosas y cálidas. Más rara y protegida por la ley, la siempreviva (*Helichrysum italicum*) se reconoce por sus capítulos florales, más numerosos y pequeños, y goza de fama en aromaterapia y cosmética. El nombre *immortelle des dunes* con el que se la conoce en francés ('inmortal de las dunas') evoca la longevidad de las inflorescencias de estas especies. *Helichrysum* proviene del griego *helios* (sol) y *chrysos* (oro), y hace referencia al color vivo de sus flores. Estas plantas ornamentales simbolizan la eternidad, la riqueza espiritual y la fecundidad.

NOMBRE CIENTÍFICO
Helichrysum stoechas

FAMILIA
Asteráceas

ALTURA
10-50 cm

PERIODO DE FLORACIÓN
Abril-julio

HÁBITATS PRINCIPALES
Prados secos arenosos

TIPOLOGÍA BIOLÓGICA
Perenne

FRECUENCIA
Muy común

DISTRIBUCIÓN
Por toda la costa mediterránea

CINERARIA

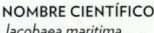

Esta planta de hojas recortadas forma mantos cubiertos por una densa pelusa de color blanco grisáceo, que le proporciona una buena resistencia a las salpicaduras marinas y a la sequía. La cineraria puede encontrarse en las playas, tanto sobre las rocas litorales como en el interior, siempre en lugares soleados. Las mariposas aprecian su floración amarilla, muy atractiva. La palabra *cineraria* viene del latín *cinis* (ceniza) y hace referencia al color gris claro de sus tallos y hojas. Es una planta muy ornamental y resistente, y se utiliza a menudo en jardinería.

NOMBRE CIENTÍFICO
Jacobaea maritima

FAMILIA
Asteráceas

ALTURA
30-80 cm

PERIODO DE FLORACIÓN
Abril-julio

HÁBITATS PRINCIPALES
Garrigas litorales,
litorales rocallosos

TIPOLOGÍA BIOLÓGICA
Perenne

FRECUENCIA
Muy común

DISTRIBUCIÓN
Citada en todo el litoral

HIERBA DEL CÓLICO

Planta leñosa en la base, completamente desprovista de pelos, cubierta de hojas carnosas que a menudo terminan en tres dientes, tiene un aspecto único entre las asteráceas debido a su aparato vegetativo craso. Esta especie haló-fila coloniza las zonas húmedas salinas litorales y las rocas de las costas. Sus capítulos florales amarillos tienen menos flores liguladas que la subespecie atlántica, *Limbarda crith-moides* ssp. *crithmoides*.

NOMBRE CIENTÍFICO
Limbarda crithmoides ssp. *longifolia*

FAMILIA
Asteráceas

ALTURA
30-100 cm

PERIODO DE FLORACIÓN
Julio-septiembre

HÁBITATS PRINCIPALES
Zonas húmedas

TIPOLOGÍA BIOLÓGICA
Perenne

FRECUENCIA
Muy común

DISTRIBUCIÓN
Presente desde Gerona hasta Almería

CARDILLO

Esta gran planta coriácea y muy espinosa, de hojas jaspeadas, se parece mucho a un cardo, pero sus capítulos florales están compuestos por flores liguladas, como las del diente de león. Es muy característica por sus grandes "flores" de color amarillo intenso, ligeramente anaranjado. El cardillo crece en playas y dunas, en campos abandonados, en espacios pastoreados y en ambientes soleados del interior de las tierras. Su larga floración y su tamaño marcan el paisaje de forma destacada. Su abundancia suele indicar una fuerte frecuentación del entorno, con aportes excesivos de nitratos. Esta verdura, hoy en día olvidada, antiguamente se cultivaba por su raíz y sus brotes jóvenes.

NOMBRE CIENTÍFICO
Scolymus hispanicus

FAMILIA
Asteráceas

ALTURA
40-120 cm

PERIODO DE FLORACIÓN
Junio-septiembre

HÁBITATS PRINCIPALES
Playas, dunas, campos arenosos abandonados, pasturas

TIPOLOGÍA BIOLÓGICA
Perenne

FRECUENCIA
Rara

DISTRIBUCIÓN
Presente en todo el litoral

CERRAJA

Las cerrajas son conocidas por producir una especie de "leche" cuando se rompen. Se trata de una planta robusta, glauca, erecta, con hojas rígidas y espinosas, con orejuelas muy anchas, y las basales reunidas en una gran roseta. En el momento de la floración, se cubre de grandes capítulos de flores amarillas, que luego se transforman en aquenios cubiertos de seda que facilitan su dispersión. Se encuentra en los roquedos marinos salpicados por el agua. En los islotes, parece beneficiarse de la nidificación de las aves marinas, que aumentan los nitratos del suelo.

NOMBRE CIENTÍFICO
Sonchus asper ssp. glaucescens

FAMILIA
Asteráceas

ALTURA
20-150 cm

PERIODO DE FLORACIÓN
Marzo-junio

HÁBITATS PRINCIPALES
Litoral rocalloso, medios abiertos

TIPOLOGÍA BIOLÓGICA
Perenne monocárpica

FRECUENCIA
Poco común

DISTRIBUCIÓN
Más presente en el litoral valenciano, escasa en el resto

CHUMBERA

Las chumberas son bastante conocidas por sus tallos suculentos comprimidos en "raquetas", sus feroces espinas y su espectacular floración. Introducidas a partir del siglo XVI en el Mediterráneo para proteger a los marineros contra el escorbuto (sus frutos contienen vitamina C), y también para formar setos defensivos o permitir el cultivo de la cochinilla, estas plantas originarias de América Central se extendieron. Generalmente se reproducen por esquejes naturales, aunque algunas especies producen semillas fértiles. Nuestro litoral cuenta con varias *Opuntia*, difíciles de identificar, algunas de las cuales se han vuelto invasoras, como la *Opuntia stricta*, que es con diferencia la más frecuente y dinámica.

NOMBRE CIENTÍFICO
Opuntia stricta

FAMILIA
Cactáceas

ALTURA
20-100 cm

PERIODO DE FLORACIÓN
Mayo–julio

HÁBITATS PRINCIPALES
Pendientes rocallosas cálidas

TIPOLOGÍA BIOLÓGICA
Perenne

FRECUENCIA
Común

DISTRIBUCIÓN
Por todo el litoral

ALTA REINA

Este arbusto de perfil redondeado, que genera una formación vegetal de una originalidad paisajística única, tiene la
espectacular particularidad de perder sus hojas cada año
tras un vistoso paso por el color rojizo. Se trata de una
adaptación eficaz a la sequía estival de esta planta del
Mediterráneo occidental. La alta reina suele crecer en los
acantilados y en las laderas termófilas de los alrededores del
litoral. En el límite norte de su área de distribución, señala los sectores más frescos de
nuestra costa.

NOMBRE CIENTÍFICO
Euphorbia dendroides

FAMILIA
Euforbiáceas

ALTURA
50-250 cm

PERIODO DE FLORACIÓN
Marzo-mayo

HÁBITATS PRINCIPALES
Acantilados litorales

TIPOLOGÍA BIOLÓGICA
Perenne

FRECUENCIA
Poco común

DISTRIBUCIÓN
En el litoral catalán
y valenciano, citada
escasamente en Málaga. En
Baleares

LOTUS CYTISOIDES

Este trébol rastrero cubre las rocas y acantilados litorales, que tiñe de color amarillo dorado durante su magnífica floración masiva a finales de invierno. Contribuye a fijar el suelo en las pendientes y ofrece un alimento apreciado por los insectos recolectores, especialmente los abejorros, en una época del año en que la alimentación escasea. Tras la formación de las vainas, pierde una parte de las hojas. Adaptada a los salpicones marinos y a la sequía, características de la vegetación de los acantilados mediterráneos, a menudo sufre la competencia de los dientes de león (pág. 34).

NOMBRE CIENTÍFICO
Lotus cytisoides

FAMILIA
Fabáceas

ALTURA
10-30 cm

PERIODO DE FLORACIÓN
Marzo-mayo

HÁBITATS PRINCIPALES
Acantilados litorales,
litorales rocosos

TIPOLOGÍA BIOLÓGICA
Perenne

FRECUENCIA
Escasa

DISTRIBUCIÓN
Localizada en el litoral
de Cataluña, Baleares y
Comunidad Valenciana

ALFALFA ARBÓREA

Originario del noreste del Mediterráneo, este arbusto erecto presenta flores de color amarillo anaranjado y vainas en espiral sin espinas. Muy plantada para ornamentación y por su resistencia a la sequía y a los salpicones marinos, la alfalfa arbórea se puede encontrar en el litoral de arena o roca, junto a las pistas y carreteras, y en los campos abandonados. Planta exótica invasora, transforma los suelos con un aporte excesivo de nitrógeno, lo que tiene un impacto nefasto sobre la flora autóctona, y contribuye también a banalizar la vegetación.

NOMBRE CIENTÍFICO
Medicago arborea

FAMILIA
Fabáceas

ALTURA
1-4 m

PERIODO DE FLORACIÓN
Mayo-junio

HÁBITATS PRINCIPALES
Playas, litorales rocosos

TIPOLOGÍA BIOLÓGICA
Perenne

FRECUENCIA
Bastante común

DISTRIBUCIÓN
Presente en toda la costa mediterránea

CARRETÓN DE PLAYA

Esta planta se caracteriza por el vello blanquecino que la cubre completamente y la protege. Se trata de una planta rastrera de flores amarillas que producen vainas en espiral típicas de esta especie, en este caso algodonosas. Solo crece en las dunas, esencialmente en las dunas blancas en proceso de fijación, especialmente acompañada del barrón (pág. 28), de la azucena de mar (pág. 14), del cardo marítimo (pág. 68) y de la berza marina (pág. 57). Como la mayoría de los vegetales de estos medios vulnerables, puede verse muy afectada por la regresión vinculada a las presiones que sufre. Se puede encontrar en todo el perímetro mediterráneo y en el litoral atlántico.

NOMBRE CIENTÍFICO
Medicago marina

FAMILIA
Fabáceas

ALTURA
10-20 cm

PERIODO DE FLORACIÓN
Marzo-agosto

HÁBITATS PRINCIPALES
Dunas

TIPOLOGÍA BIOLÓGICA
Perenne

FRECUENCIA
Común

DISTRIBUCIÓN
En todo el litoral mediterráneo

AGRIO

Originaria del sur de África e introducida en Europa como planta ornamental en el siglo XVIII, esta planta de hojas con tres folíolos (como los
tréboles) se encuentra desde entonces muy presente en los campos, favorecida por su cultivo. También se multiplica en los bordes de las pistas y caminos, debido al transporte de tierras que
contienen sus innumerables bulbos. Contiene ácido oxálico,
que elimina las plantas que pueden competir con ella, razón por la
cual puede volverse tóxica en caso de consumo excesivo de sus
hojas de sabor picante. Esta planta exótica invasora desplaza
las formaciones de las pequeñas plantas anuales. También es un
huésped frecuente del rabo de lobo (*Phelipanche nana*) (pág. 76).

NOMBRE CIENTÍFICO
Oxalis pes-caprae

FAMILIA
Oxalidáceas

ALTURA
5-40 cm

PERIODO DE FLORACIÓN
Octubre-mayo

HÁBITATS PRINCIPALES
Medios abiertos arenosos

TIPOLOGÍA BIOLÓGICA
Perenne

FRECUENCIA
Común

DISTRIBUCIÓN
Naturalizado en toda la costa

ADORMIDERA MARINA

Parece una gran amapola de flores amarillas, pero tiene las hojas partidas, con un color glauco que le ha dado el nombre del género, *Glaucium*. Crece en medios ricos en nitrógeno, como las playas y las zonas detrás de ellas, los campos abandonados y cultivados, los bordes de los caminos y los cursos de agua. Como suele ocurrir en esta familia, las flores tienen una corta duración. Las de la adormidera marina forman frutos muy largos (hasta 20 cm), casi cilíndricos y ligeramente curvados. Se abren en dos valvas cuando están maduros, lo que los hace diferentes de las cápsulas de las amapolas, que liberan las semillas por los poros, como los saleros.

NOMBRE CIENTÍFICO
Glaucium flavum

FAMILIA
Papaveráceas

ALTURA
30-90 cm

PERIODO DE FLORACIÓN
Mayo-octubre

HÁBITATS PRINCIPALES
Medios abiertos arenosos

TIPOLOGÍA BIOLÓGICA
Perenne monocárpica

FRECUENCIA
Bastante común

DISTRIBUCIÓN
Presente en todo el litoral

APIO SARDÓNICO

Esta planta anual de color verde claro puede alcanzar un gran tamaño. Tiene hojas de forma variable según su ubicación en el tallo y muchas pequeñas flores con pétalos apenas más grandes que el cáliz. Produce numerosos frutos, que se agrupan en capítulos densos y alargados. Más rara en la región mediterránea que en otros lugares, el apio sardónico crece en marismas saladas, donde se ve favorecido por las entradas de agua artificiales durante el verano, procedentes de los arrozales o de las marismas de caza. Su expansión actual es, por lo tanto, un indicador de la degradación del funcionamiento de las zonas húmedas. Es una planta muy tóxica, como la mayoría de las especies de su familia.

NOMBRE CIENTÍFICO
Ranunculus sceleratus

FAMILIA
Ranunculáceas

ALTURA
10-100 cm

PERIODO DE FLORACIÓN
Mayo-septiembre

HÁBITATS PRINCIPALES
Zonas húmedas

TIPOLOGÍA BIOLÓGICA
Anual

FRECUENCIA
Rara

DISTRIBUCIÓN
Presente en los humedales de toda la costa mediterránea

RUBIA MARINA

Crece en macizos compactos, tiene hojas coriáceas de color verde grisáceo, muy imbricadas entre sí, y unas flores amarillas muy pequeñas. Puede verse durante todo el año y crece principalmente en las dunas litorales, sobre todo en la parte posterior, en las dunas llamadas "fijadas", y en algunos casos raros también en el interior de la tierra. Con sus largos tallos subterráneos, contribuye a la estabilidad de la arena. Como la mayoría de plantas de las dunas, sufre por el pisoteo, la limpieza mecanizada de las dunas y el crecimiento anárquico del litoral.

NOMBRE CIENTÍFICO
Crucianella maritima

FAMILIA
Rubiáceas

ALTURA
20-40 cm

PERIODO DE FLORACIÓN
Mayo-agosto

HÁBITATS PRINCIPALES
Dunas

TIPOLOGÍA BIOLÓGICA
Perenne

FRECUENCIA
Bastante rara

DISTRIBUCIÓN
En los sistemas dunares de toda la costa mediterránea

BOJA MARINA

Con el límite norte de su área de distribución en las costas mediterráneas francesas, esta planta teme los inviernos muy fríos. Fácil de reconocer por su porte arbustivo algo anárquico y con pequeñas hojas en escalera, no se aleja del litoral y crece en la interfaz entre las rocas salpicadas por el mar y la vegetación forestal. Sufre la frecuente afluencia de senderistas en los caminos litorales y sus alrededores, lo que elimina el suelo y la reserva de semillas que podría contener. Además, su reproducción es compleja e irregular. Por lo tanto, las grandes poblaciones son poco numerosas.

NOMBRE CIENTÍFICO
Thymelaea hirsuta

FAMILIA
Timeleáceas

ALTURA
30-150 cm

PERIODO DE FLORACIÓN
Diciembre-abril

HÁBITATS PRINCIPALES
Litorales rocosos, playas

TIPOLOGÍA BIOLÓGICA
Perenne

FRECUENCIA
Común

DISTRIBUCIÓN
En todo el litoral mediterráneo donde haya roquedos y arenales

ABROJO

Esta pequeña planta rastrera, afelpada, tiene las hojas opuestas, con hasta ocho pares de foliolos, y flores amarillas de cinco pétalos. Sus frutos espinosos son inconfundibles, ya que están formados por cinco partes dispuestas en forma de estrella que se asemejan perfectamente a una cruz de Malta (aunque con cinco brazos), de donde proviene su nombre en francés (*croix de Malte*).

Crece en prados arenosos abandonados, en los márgenes de caminos y senderos, causando gran incomodidad a peatones y ciclistas, ya que sus frutos espinosos y punzantes se clavan en las suelas de los zapatos, los pies y los neumáticos. La pequeña familia de las zigofiláceas, esencialmente ligada a las zonas áridas, está representada en España por solo cinco especies.

NOMBRE CIENTÍFICO
Tribulus terrestris

FAMILIA
Zigofiláceas

ALTURA
10 cm

PERIODO DE FLORACIÓN
Junio-octubre

HÁBITATS PRINCIPALES
Medios abiertos arenosos

TIPOLOGÍA BIOLÓGICA
Anual

FRECUENCIA
Bastante común

DISTRIBUCIÓN
En todo el litoral

LENTISCO

Pariente cercano del pistacho cultivado (*Pistacia vera*), el lentisco es un arbusto con un intenso olor a resina que crece en las maquias y garrigas mediterráneas. A menudo se asocia con los acebuches y puede formar bosquecillos. Habitualmente se presenta en forma de arbusto; los escasos ejemplares arbóreos son destacables y merecen protección. Cercano a la cornicabra (*Pistacia terebinthus*), se diferencia de ella por sus hojas perennes con un número par de folíolos (las de la cornicabra son caducas y tienen un número impar de folíolos). Todos los lentiscos son dioicos.

NOMBRE CIENTÍFICO
Pistacia lentiscus

FAMILIA
Anacardiáceas

ALTURA
1-6 m

PERIODO DE FLORACIÓN
Abril-junio

HÁBITATS PRINCIPALES
Maquias, garrigas, dunas boscosas

TIPOLOGÍA BIOLÓGICA
Perenne

FRECUENCIA
Muy común

DISTRIBUCIÓN
Matorrales de todo el litoral mediterráneo

ORUGA MARÍTIMA

Característica de las formaciones vegetales anuales de las tierras inundadas por el mar (ver la introducción), la oruga marítima coloniza suelos arenosos enriquecidos en nitrógeno por los aportes marinos. Esta planta comestible, rica en vitamina C, es muy característica, con hojas carnosas separadas, flores rosadas y frutos caducos originales. Estos frutos presentan dos cuernos en la base que no se encuentran en los frutos de la subespecie del litoral oceánico (ssp. *integrifolia*). Antiguamente muy extendida por todas las costas, la oruga marítima está actualmente amenazada por el pisoteo y la limpieza mecánica de las playas.

NOMBRE CIENTÍFICO
Cakile maritima subsp. *maritima*

FAMILIA
Brasicáceas

ALTURA
10-40 cm

PERIODO DE FLORACIÓN
Abril-octubre

HÁBITATS PRINCIPALES
Playas

TIPOLOGÍA BIOLÓGICA
Anual

FRECUENCIA
Común

DISTRIBUCIÓN
En todo el litoral mediterráneo

ALHELÍ MARINO

Esta planta eleva sus tallos cubiertos de vello que nacen de una roseta provista de hojas muy recortadas. Sus bonitas flores fragantes de color rosa intenso, con cuatro pétalos en cruz, son típicas de la familia de las brasicáceas, también conocidas como crucíferas. Pronto dan lugar a silicuas (frutos más largos que anchos que se abren en dos partes iguales). Otras especies cercanas viven en el litoral, como *Matthiola incana* (alhelí blanco), de hojas normalmente simples y con corolas de colores variados, que suele encontrarse en viejos muros y acantilados.

NOMBRE CIENTÍFICO
Matthiola sinuata

FAMILIA
Brasicáceas

ALTURA
20-50 cm

PERIODO DE FLORACIÓN
Mayo-septiembre

HÁBITATS PRINCIPALES
Dunas

TIPOLOGÍA BIOLÓGICA
Perenne

FRECUENCIA
Bastante común

DISTRIBUCIÓN
En toda la costa mediterránea

BERZA MARINA

Esta hermosa planta trepadora y rastrera tiene hojas carnosas y redondeadas en forma de corazón, y grandes flores de color rosa y blanco en forma de embudo. La forma de sus hojas está en el origen del nombre de su especie, *soldanella*, que proviene del latín *solidus* (una moneda de oro). Se adapta bien al medio dunar gracias a su rizoma, que posee largos pedúnculos florales y largos pecíolos que le permiten ajustarse a los continuos movimientos del suelo. Está presente en la mayor parte de los litorales del mundo, pero en las costas, en general, está en regresión, pues sufre las amenazas habituales: urbanización descontrolada, pisoteo y limpieza mecánica de las playas.

NOMBRE CIENTÍFICO
Convolvulus soldanella

FAMILIA
Convolvuláceas

ALTURA
Hasta 5 cm, aunque su longitud puede llegar a 70 cm

PERIODO DE FLORACIÓN
Mayo-octubre

HÁBITATS PRINCIPALES
Dunas

TIPOLOGÍA BIOLÓGICA
Perenne

FRECUENCIA
Poco común

DISTRIBUCIÓN
En todo el litoral mediterráneo, especialmente desde Gerona hasta Murcia

EFEDRA

Al igual que las coníferas, la efedra forma parte de las gimnospermas y desarrolla flores rudimentarias, masculinas y femeninas, que crecen en pies separados. Las semillas están protegidas por escamas carnosas que, al madurar, se vuelven rojas y recuerdan a las bayas. Crece en las estepas de Europa y Asia, donde se presenta en extensiones profundamente enraizadas, con ramas flexibles sin hojas, y coloniza densamente los suelos cálidos y desnudos. Se encuentra en dunas y en rocas calcáreas del litoral o en colinas del interior. El género *Ephedra* es tóxico, ya que contiene alcaloides, especialmente efedrina, que posee propiedades medicinales.

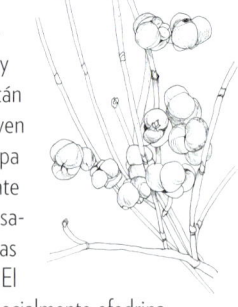

NOMBRE CIENTÍFICO
Ephedra distachya

FAMILIA
Efedráceas

ALTURA
20-60 cm

PERIODO DE FLORACIÓN
Abril-junio

HÁBITATS PRINCIPALES
Dunas, litorales rocosos

TIPOLOGÍA BIOLÓGICA
Perenne

FRECUENCIA
Poco común

DISTRIBUCIÓN
Localizada en la costa de las comarcas de Gerona, y desde la Comunidad Valenciana hasta Almería

ARVEJA ROJA

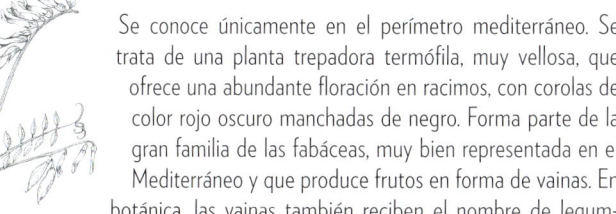

Se conoce únicamente en el perímetro mediterráneo. Se trata de una planta trepadora termófila, muy vellosa, que ofrece una abundante floración en racimos, con corolas de color rojo oscuro manchadas de negro. Forma parte de la gran familia de las fabáceas, muy bien representada en el Mediterráneo y que produce frutos en forma de vainas. En botánica, las vainas también reciben el nombre de legumbres, por lo que también se habla de la familia de las leguminosas. Esta familia incluye muchas plantas silvestres o cultivadas: almorta, trébol, retama, alfalfa, guisante, judía, haba, lenteja… Las fabáceas aprovechan el nitrógeno del suelo gracias a su asociación con bacterias simbióticas que viven en sus raíces.

NOMBRE CIENTÍFICO
Vicia benghalensis

FAMILIA
Fabáceas

ALTURA
30-100 cm

PERIODO DE FLORACIÓN
Marzo-junio

HÁBITATS PRINCIPALES
Prados

TIPOLOGÍA BIOLÓGICA
Anual

FRECUENCIA
Poco común

DISTRIBUCIÓN
Escasamente presente en todas las comarcas litorales

FRANKENIA HIRSUTA

No, no se trata de la planta de Frankenstein... El nombre de esta especie simplemente está dedicado a Frankenius, botánico y médico del siglo XVII. La *Frankenia hirsuta* tiene la originalidad de ser halo-ornito-coprófila, o, dicho de otro modo, de crecer en los roquedos litorales expuestos tanto a las salpicaduras del mar como a las deyecciones de las aves. Sus hojas, pequeñas y con los bordes enrollados, la protegen de una deshidratación excesiva. Con el buen tiempo, la planta se cubre de pequeñas flores de color rosa intenso que se agrupan en ramilletes. La *Frankenia laevis* también está presente en el mismo medio del litoral mediterráneo, aunque es bastante más rara y claramente menos vellosa.

NOMBRE CIENTÍFICO
Frankenia hirsuta

FAMILIA
Frankeniáceas

ALTURA
10-30 cm

PERIODO DE FLORACIÓN
Abril-septiembre

HÁBITATS PRINCIPALES
Litorales rocosos

TIPOLOGÍA BIOLÓGICA
Perenne

FRECUENCIA
Localizada

DISTRIBUCIÓN
Esporádicamente presente en todo el litoral mediterráneo

CENTAURA

Esta pequeña planta se encuentra en marismas y otros lugares húmedos litorales estacionales del Mediterráneo y el Atlántico. De porte erecto, con ramificaciones desde la mitad, su nombre proviene de sus numerosas flores rosadas, cuya disposición en espiga permite distinguirla entre aproximadamente media docena de especies cercanas cuya identificación resulta delicada. A excepción de la pequeña centaura (conocida como centaura amarilla, *Centaurium maritimum*), con corolas de un color amarillo dorado, todas estas especies presentan flores rosadas. Los géneros *Schenkia*, *Centaurium*, *Cicendia* y *Blackstonia* representan a las gencianáceas en zonas bajas y cercanas al mar, mientras que *Gentiana* está presente sobre todo en la montaña.

NOMBRE CIENTÍFICO
Schenkia spicata

FAMILIA
Gencianáceas

ALTURA
10-40 cm

PERIODO DE FLORACIÓN
Julio-septiembre

HÁBITATS PRINCIPALES
Zonas húmedas temporales

TIPOLOGÍA BIOLÓGICA
Anual

FRECUENCIA
Rara

DISTRIBUCIÓN
Escasa en todo el litoral

GLADIOLO

Esta bellísima planta mediterránea es una pariente silvestre de los gladiolos cultivados. El nombre del género *Gladiolus* (del latín *gladius*, que significa 'espada') hace referencia a sus hojas planas y puntiagudas, con nervios paralelos. El epíteto *dubius* alude a la dificultad de distinguirla de otros gladiolos. De hecho, la identificación solo puede hacerse de forma segura observando sus semillas. Este gladiolo silvestre es sensible a las perturbaciones del medio, especialmente a los movimientos del suelo, a menudo causados por los jabalíes.

NOMBRE CIENTÍFICO
Gladiolus dubius

FAMILIA
Iridáceas

ALTURA
30-100 cm

PERIODO DE FLORACIÓN
Abril-junio

HÁBITATS PRINCIPALES
Prados húmedos, maquias y garrigas litorales

TIPOLOGÍA BIOLÓGICA
Perenne

FRECUENCIA
Poco común

DISTRIBUCIÓN
Bastante rara en toda la costa

MALVA ARBÓREA

Esta gran planta leñosa se encuentra tanto en el litoral mediterráneo como en el atlántico, en zonas ricas en nitrógeno, como los roquedos costeros, los acantilados frecuentados por aves, las maquias litorales, los taludes y los bordes de caminos y carreteras. A veces cultivada, la malva arbórea puede encontrarse también fuera de las zonas litorales. Su resistencia y su prolongada floración la convierten en una planta de interés ornamental. Tiene un tronco, grandes hojas redondeadas, ligeramente lobuladas y cubiertas de vello, y unas bellas flores rosadas manchadas de violeta oscuro. Estas flores producen aquenios bellamente dispuestos en forma circular dentro de los sépalos vellosos.

NOMBRE CIENTÍFICO
Malva arborea

FAMILIA
Malváceas

ALTURA
1-3 m

PERIODO DE FLORACIÓN
Abril-junio

HÁBITATS PRINCIPALES
Maquias litorales,
litorales rocallosos

TIPOLOGÍA BIOLÓGICA
Perenne

FRECUENCIA
Poco común

DISTRIBUCIÓN
Presente en todo el litoral

GALLO

La determinación del gallo es un asunto de especialistas (en la región mediterránea hay una decena de especies muy similares), pero las flores permiten reconocerlo, ya que posee lo que parece una larga lengua roja apuntando hacia el suelo. Esta lengua es una especie de etiqueta, un pétalo particularmente visible y ornamentado característico de la familia de las orquidáceas. Las flores del gallo proporcionan a algunos insectos y arácnidos un refugio contra el frío. Dotado de un pequeño labelo de color rojo apagado, el gallo es una planta discreta de los prados arenosos húmedos durante el invierno. Se encuentra en la orilla del litoral mediterráneo, pero también llega hasta el Atlántico.

NOMBRE CIENTÍFICO
Serapias parviflora

FAMILIA
Orquidáceas

ALTURA
20-50 cm

PERIODO DE FLORACIÓN
Abril-junio

HÁBITATS PRINCIPALES
Prados húmedos temporales

TIPOLOGÍA BIOLÓGICA
Perenne

FRECUENCIA
Rara

DISTRIBUCIÓN
Cataluña, Comunidad Valenciana, zonas de Almería y Málaga

SALADO

Gran arbusto verdoso muy ramificado, de grandes hojas y con unas magníficas inflorescencias rosadas, el salado crece en arenas salinas junto a formaciones halófilas de salicornias y *Limonium vulgare*. En España solo se encuentra asociado a suelos salinos, pero ha sufrido una gran regresión vinculada a las grandes transformaciones turísticas de las últimas décadas. Más robustas y de origen hortícola, a veces se han plantado con fines ornamentales y para la restauración de medios litorales, donde han podido naturalizarse. Todos los *Limonium* toleran bien los sustratos salinos, ya que eliminan el exceso de sal a través de las hojas.

NOMBRE CIENTÍFICO
Limoniastrum monopetalum

FAMILIA
Plumbagináceas

ALTURA
40-150 cm

PERIODO DE FLORACIÓN
Junio-agosto

HÁBITATS PRINCIPALES
Playas, diques limosos

TIPOLOGÍA BIOLÓGICA
Perenne

FRECUENCIA
Localizada

DISTRIBUCIÓN
Litorales desde Gerona hasta Huelva, presente en Baleares

PROTECCIÓN LEGAL
Planta vulnerable

ZARZAPARRILLA

Esta liana muy espinosa presenta hojas coriáceas, a menudo lustrosas, en forma de corazón, y flores otoñales muy fragantes, que luego se transforman en bayas de color rojo intenso, tóxicas. Crece en formaciones arbustivas, maquias y dunas boscosas, donde se despliega en forma de alfombra por encima de otras plantas. A menudo poco apreciada porque en algunos lugares puede dificultar mucho el paso, es importante para la gastronomía provenzal por el licor que se extrae de sus flores, pero también en fitoterapia por las virtudes medicinales de sus raíces. También es la planta preferida de los Pitufos... Por último, sus frutos tardíos son muy apreciados por los pájaros: currucas, mirlos, petirrojos...

NOMBRE CIENTÍFICO
Smilax aspera

FAMILIA
Esmilacáceas

ALTURA
20-300 cm

PERIODO DE FLORACIÓN
Octubre-diciembre

HÁBITATS PRINCIPALES
Maquias litorales, dunas boscosas

TIPOLOGÍA BIOLÓGICA
Perenne

FRECUENCIA
Muy común

DISTRIBUCIÓN
Presente en toda la costa

TARAY

Este arbusto ramificado, con ramas colgantes, crece en zonas húmedas de la segunda línea de playa, en marismas litorales y en los márgenes de cursos de agua. En primavera, se cubre de pequeñas flores rosadas muy apreciadas por una pequeña abeja solitaria, la *Nomioides variegatus*. Sus hojas escamosas eliminan el exceso de sal en forma de "lágrimas". En los mismos hábitats, el taray africano (*Tamarix africana*), una especie mediterránea muy similar, se reconoce por sus inflorescencias más grandes en ramilletes de dos años (uno en el caso de *Tamarix gallica*) y por su floración más temprana (marzo-abril). Algunas especies exóticas comercializadas escapan hacia la naturaleza, por lo que se debe evitar su plantación.

NOMBRE CIENTÍFICO
Tamarix gallica

FAMILIA
Tamaricáceas

ALTURA
2-6 m

PERIODO DE FLORACIÓN
Abril-julio (octubre)

HÁBITATS PRINCIPALES
Zonas húmedas

TIPOLOGÍA BIOLÓGICA
Perenne

FRECUENCIA
Común

DISTRIBUCIÓN
Presente en toda la costa

CARDO MARÍTIMO

El cardo marítimo crece en las playas y dunas de todo el litoral catalán. A pesar de su aspecto de cardo, esta planta azulada, espinosa y con tallos y hojas coriáceas pertenece a la familia de las zanahorias. Sus poblaciones están disminuyendo en todas partes debido a la urbanización del litoral, la excesiva frecuentación de las playas y su limpieza mecanizada. Aún bastante presente en algunos puntos de la costa mediterránea, el cardo marítimo ofrece en verano una magnífica floración de capítulos violáceos, que son visitados por muchas especies de insectos, especialmente abejas silvestres. En invierno se vuelve invisible y sobrevive gracias a su potente raíz.

NOMBRE CIENTÍFICO
Eryngium maritimum

FAMILIA
Apiáceas

ALTURA
30-70 cm

PERIODO DE FLORACIÓN
Julio-agosto

HÁBITATS PRINCIPALES
Playas, dunas

TIPOLOGÍA BIOLÓGICA
Perenne

FRECUENCIA
Bastante común (en regresión)

DISTRIBUCIÓN
Presente en toda la costa mediterránea

TRIPOLIO

Esta planta de las marismas litorales y de los prados marítimos posee una buena resistencia a la salinidad. Presenta un tallo simple o ramificado y hojas carnosas y enteras, sin pelos. Sus capítulos, de unos dos centímetros, muestran flores tubulares amarillas en el centro y flores liguladas lilas en la periferia. En su estado vegetativo, puede confundirse con el *Symphyotrichum subulatum*. Aunque morfológicamente se le parece, esta planta invasora originaria del continente americano presenta hojas pequeñas y capítulos mucho más reducidos, con lígulas blancas.

NOMBRE CIENTÍFICO
Tripolium pannonicum

FAMILIA
Asteráceas

ALTURA
20-80 cm

PERIODO DE FLORACIÓN
Julio-octubre

HÁBITATS PRINCIPALES
Marismas litorales

TIPOLOGÍA BIOLÓGICA
Perenne

FRECUENCIA
Localizada

DISTRIBUCIÓN
En toda la costa, especialmente en las costas catalanas, valencianas y murcianas

PALOMILLA DE TINTES

Esta planta crece en matas densas y tiene una raíz profunda que contiene un principio colorante rosado, que antiguamente era utilizado por los tintoreros. Como casi todas las boragináceas (miosotas, borrajas, gamuzas, lenguas de buey, consueldas...), está cubierta de pelos erectos. Sus flores, generalmente de color azul intenso, aunque a veces rojas o blancas, se agrupan en inflorescencias compactas. Esta planta psammófila crece en las dunas litorales (sobre todo en el Rosellón) o en prados arenosos.

NOMBRE CIENTÍFICO
Alkanna matthioli

FAMILIA
Boragináceas

ALTURA
10-30 cm

PERIODO DE FLORACIÓN
Abril-junio

HÁBITATS PRINCIPALES
Dunas, prados arenosos

TIPOLOGÍA BIOLÓGICA
Perenne

FRECUENCIA
Rara

DISTRIBUCIÓN
Especie localizada en el Rosellón y en Provenza

BOTÓN AZUL

Esta planta puede adoptar diferentes formas, lo que complica su identificación: puede ser erecta o rastrera, anual o perenne, larga y delgada o extendida en forma de alfombra. Presenta hojas con aspecto aterciopelado, gruesas y con los bordes ondulados, pequeñas flores de un color que va del azul celeste al azul lavanda, agrupadas en capítulos terminales, y un original polen azul. El botón azul se puede observar en buena parte de la península ibérica, en playas con sustrato pobre en cal, en los Pirineos orientales, pero también en prados arenosos silíceos secos del interior.

NOMBRE CIENTÍFICO
Jasione montana

FAMILIA
Campanuláceas

ALTURA
10-50 cm

PERIODO DE FLORACIÓN
Mayo-septiembre

HÁBITATS PRINCIPALES
Prados arenosos silíceos,
dunas

TIPOLOGÍA BIOLÓGICA
Anual o perenne

FRECUENCIA
Localizada

DISTRIBUCIÓN
Presente en casi toda la costa
mediterránea, poco citada en
Murcia y Alicante

ALTRAMUZ PELUDO

El altramuz peludo es fácil de reconocer por su densa cobertura de pelos, sus folíolos dispuestos en forma de abanico y sus magníficas floraciones de color azul oscuro. Está escasamente presente en España. Sus corolas se denominan papilionadas, es decir, formadas por cinco pétalos individuales: un pétalo superior llamado estandarte, dos pétalos laterales llamados alas y dos pétalos inferiores que forman la quilla. Son típicas de un gran número de fabáceas, que conforman la subfamilia de las *Faboideae*.

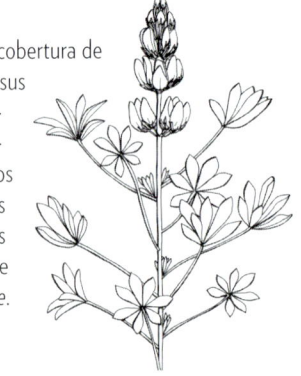

NOMBRE CIENTÍFICO
Lupinus micranthus

FAMILIA
Fabáceas

ALTURA
5-30 cm

PERIODO DE FLORACIÓN
Marzo-mayo

HÁBITATS PRINCIPALES
Prados arenosos silíceos

TIPOLOGÍA BIOLÓGICA
Anual

FRECUENCIA
Rara

DISTRIBUCIÓN
Alguna citación en las costas de Gerona, Menorca y Málaga

LIRIO AZUL

Este magnífico lirio crece en prados húmedos estacionales y a veces salinos del litoral en la costa gerundense. A causa de la urbanización del litoral, prácticamente ha desaparecido. Presenta hojas en forma de espada y de una a tres flores espléndidas, formadas por seis tépalos de un color azul violáceo con algunas pequeñas estrías de color amarillo. El lirio azul es característico de las zonas de juncales marítimos antiguos y no degradados, formados por juncos marítimos y muchas otras especies patrimoniales de los prados litorales como el gladiolo (*Gladiolus dubius*) o la escorzonera.

NOMBRE CIENTÍFICO
Iris reichenbachiana

FAMILIA
Iridáceas

ALTURA
30-60 cm

PERIODO DE FLORACIÓN
Mayo-junio

HÁBITATS PRINCIPALES
Prados húmedos

TIPOLOGÍA BIOLÓGICA
Perenne

FRECUENCIA
Rara

DISTRIBUCIÓN
Pocas localizaciones en las costas catalana y valenciana

ROMERO

Este arbusto tan aromático, siempre verde, muy ramificado y cubierto de hojas, con hojas estrechas y con los bordes curvados, es bastante representativo de la gran familia de las lamiáceas, que comprende buena parte de las "hierbas de Provenza": tomillos, oréganos, lavandas, salvias, mentas. En estado silvestre crece en las garrigas, en las maquias y en las dunas boscosas. Planta medicinal reconocida por sus virtudes antisépticas y digestivas, el romero es el ingrediente principal de la conocida "agua de la reina de Hungría", que hoy en día se usa como perfume. El romero ofrece durante buena parte del año flores de color azul pálido a blanco, llenas de néctar, un recurso muy apreciado por los abejorros durante el invierno.

NOMBRE CIENTÍFICO
Rosmarinus officinalis

FAMILIA
Lamiáceas

ALTURA
50-200 cm

PERIODO DE FLORACIÓN
Enero-diciembre

HÁBITATS PRINCIPALES
Garrigas, maquias, dunas boscosas

TIPOLOGÍA BIOLÓGICA
Perenne

FRECUENCIA
Bastante común

DISTRIBUCIÓN
Común por todas las costas

SAUZGATILLO

Este arbusto grácil y aromático presenta hojas formadas por entre cinco y siete folíolos. En verano se cubre con inflorescencias violetas muy apreciadas por los insectos recolectores, especialmente las mariposas. Sus pequeños frutos globosos parecen granos de pimienta y permanecen mucho tiempo agarrados a la planta; además, poseen virtudes calmantes y anafrodisíacas. Lamentablemente diezmado por la urbanización, el sauzgatillo forma aún algunas poblaciones en las orillas de los cursos de agua temporales y en la segunda línea de la playa en lugares cálidos. También se pueden encontrar algunos ejemplares nacidos de antiguos cultivos en el interior.

NOMBRE CIENTÍFICO
Vitex agnus-castus

FAMILIA
Lamiáceas

ALTURA
1-5 m

PERIODO DE FLORACIÓN
Junio-septiembre

HÁBITATS PRINCIPALES
Zonas húmedas

TIPOLOGÍA BIOLÓGICA
Perenne

FRECUENCIA
Rara

DISTRIBUCIÓN
Localizada por toda la costa

RABO DE LOBO

A menudo confundido con las orquídeas, el rabo de lobo (géneros *Orobanche* y *Phelipanche*) es una planta parasitaria que, para alimentarse, debe crecer en una planta huésped más o menos específica, a la cual se une mediante su sistema de raíces. Las *Phelipanche* se distinguen por sus corolas azules y por sus tallos a menudo ramificados. Solo los especialistas son capaces de identificar las especies de *Orobanche*. Sin embargo, esta es la única especie que se encuentra frecuentemente en el litoral, donde podemos encontrarla sobre plantas de diversas familias, entre ellas las asteráceas, las fabáceas y las geraniáceas.

NOMBRE CIENTÍFICO
Phelipanche nana

FAMILIA
Orobancáceas

ALTURA
5-30 cm

PERIODO DE FLORACIÓN
Marzo-junio

HÁBITATS PRINCIPALES
Prados arenosos

TIPOLOGÍA BIOLÓGICA
Anual

FRECUENCIA
Rara

DISTRIBUCIÓN
Escasa en toda la costa mediterránea

LIMONIUM NARBONENSE

Sin lugar a dudas, *Limonium narbonense* es la más grande y la más conocida de las numerosas especies del género *Limonium*. Presenta grandes hojas, con una nervadura central bien visible y ramificada, e inflorescencias ramificadas características. Esta planta halófila se puede encontrar en los prados arenosos a veces salinos y en las formaciones de juncales marítimos del litoral catalán.

NOMBRE CIENTÍFICO
Limonium narbonense

FAMILIA
Plumbagináceas

ALTURA
20-80 cm

PERIODO DE FLORACIÓN
Julio-octubre

HÁBITATS PRINCIPALES
Prados arenosos, prados

TIPOLOGÍA BIOLÓGICA
Perenne

FRECUENCIA
Común

DISTRIBUCIÓN
En toda la costa desde Gerona
hasta Murcia

ALMAJO

Esta salicornia forma masas de tallos lechosos en su base, glaucos, con varios ramillos erectos, constituidos por numerosos elementos carnosos empaquetados. Es difícil distinguir las diferentes especies, pero esta es la única que florece en primavera (las otras florecen a finales del verano). Crece en formaciones densas en los prados marítimos salados, en los salicornales y salados, en las cimas de los diques, incluso en los roquedales litorales, gracias a un eficaz mecanismo de eliminación del exceso de sal, lo que hace del almajo la planta más resistente a la sequedad y a la salinidad. Muy común donde hay zonas encharcadas con alto contenido de sales.

NOMBRE CIENTÍFICO
Arthrocnemum macrostachyum

FAMILIA
Amarantáceas

ALTURA
30-100 cm

PERIODO DE FLORACIÓN
Mayo-junio

HÁBITATS PRINCIPALES
Marismas litorales, litorales rocosos, diques limosos

TIPOLOGÍA BIOLÓGICA
Perenne

FRECUENCIA
Común

DISTRIBUCIÓN
Presente en marismas y saladares de toda la costa

BARRILLA PINCHOSA

La barrilla pinchosa tiene un porte erguido y hojas alternas carnosas que terminan bruscamente en una espina. Sus pequeñas hojas verdosas y discretas se agrupan en inflorescencias espinosas. Esta especie se puede observar durante el verano sobre los sustratos arenosos de las playas y dunas, así como a lo largo de los ríos tierra adentro. Junto con otras especies nitrófilas anuales (ver la introducción), en la orilla del mar forma la asociación vegetal de las mareas, que aprovecha las maderas flotantes y las aportaciones marinas, y es alimentada por los nitratos que le llegan de esta manera. En los lugares frecuentados, esta formación vegetal está amenazada por el pisoteo y la limpieza mecánica de las playas.

NOMBRE CIENTÍFICO
Kali tragus

FAMILIA
Amarantáceas

ALTURA
20-70 cm

PERIODO DE FLORACIÓN
Julio-septiembre

HÁBITATS PRINCIPALES
Playas, dunas

TIPOLOGÍA BIOLÓGICA
Anual

FRECUENCIA
Común

DISTRIBUCIÓN
Presente en toda la costa mediterránea

ALMAJO DULCE

Planta halófila que se eleva en racimos, leñosa en su base, con muchas hojas oblongas y carnosas que crece en las zonas halófilas, en los márgenes de las marismas litorales y en los roquedales expuestos a las salpicaduras del agua. También es bastante nitrófila, y se puede observar en medios artificiales como los diques. Debido a su ecología, se puede encontrar más fácilmente en los humedales salinos de todo el litoral. En francés, su nombre popular (*soude vraie*) deriva de su gran utilización, sobre todo en el pasado, para fabricar el jabón de Alepo, porque su combustión produce sosa natural que tiene fama de ser más sana que la sosa química.

NOMBRE CIENTÍFICO
Suaeda vera

FAMILIA
Amarantáceas

ALTURA
50-100 cm

PERIODO DE FLORACIÓN
Mayo-octubre

HÁBITATS PRINCIPALES
Marismas litorales, litorales rocosos, diques limosos

TIPOLOGÍA BIOLÓGICA
Perenne

FRECUENCIA
Común

DISTRIBUCIÓN
Presente en toda la costa

PALMITO

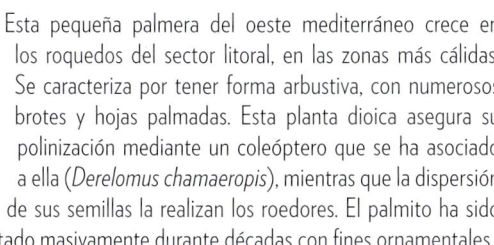

Esta pequeña palmera del oeste mediterráneo crece en los roquedos del sector litoral, en las zonas más cálidas. Se caracteriza por tener forma arbustiva, con numerosos brotes y hojas palmadas. Esta planta dioica asegura su polinización mediante un coleóptero que se ha asociado a ella (*Derelomus chamaeropis*), mientras que la dispersión de sus semillas la realizan los roedores. El palmito ha sido plantado masivamente durante décadas con fines ornamentales.

NOMBRE CIENTÍFICO
Chamaerops humilis

FAMILIA
Arecáceas

ALTURA
50-200 cm

PERIODO DE FLORACIÓN
Abril-junio

HÁBITATS PRINCIPALES
Litorales rocosos, maquias litorales

TIPOLOGÍA BIOLÓGICA
Perenne

FRECUENCIA
Relativamente abundante

DISTRIBUCIÓN
Por todo el litoral

PROTECCIÓN LEGAL
Protegida en todo el territorio

REMPEINE

El rempeine es una planta robusta, erecta, provista de grandes hojas ásperas y dentadas. Sus discretas flores producen unos frutos notables, muy espinosos, de 18 a 28 mm de largo, que se adhieren fácilmente a la ropa. Originaria de Norteamérica, esta planta está clasificada como "exótica invasora moderada". Puede observarse a veces sobre sustratos removidos arenosos o limosos: playas, márgenes de cursos de agua y lagos, cultivos, especialmente viñedos. Su presencia abundante en un lugar indica de forma débil una alteración de la calidad de los medios.

NOMBRE CIENTÍFICO
Xanthium orientale ssp. *italicum*

FAMILIA
Asteráceas

ALTURA
30-100 cm

PERIODO DE FLORACIÓN
Agosto-octubre

HÁBITATS PRINCIPALES
Playas, zonas húmedas, cultivos

TIPOLOGÍA BIOLÓGICA
Anual

FRECUENCIA
Muy común

DISTRIBUCIÓN
Localizada en la comarca del Maresme (Barcelona) y en Almería

SABINA

Este arbusto que recuerda a un ciprés tiene ramas densamente cubiertas de pequeñas hojas escamosas muy imbricadas entre sí. Sus frutos son pequeños conos esféricos, rojizos cuando están maduros y tóxicos. La sabina crece junto al mar, en los acantilados y crestas rocosas o en las dunas boscosas. En la costa tarraconense se encuentra otra subespecie, *Juniperus phoenicea* ssp. *phoenicea*, que tiene frutos más pequeños y que contienen más semillas.

NOMBRE CIENTÍFICO
Juniperus phoenicea ssp. *turbinata*

FAMILIA
Cupresáceas

ALTURA
50-600 cm

PERIODO DE FLORACIÓN
Febrero-mayo

HÁBITATS PRINCIPALES
Acantilados litorales, dunas boscosas

TIPOLOGÍA BIOLÓGICA
Perenne

FRECUENCIA
Poco común

DISTRIBUCIÓN
Presente en todo el litoral catalán, Baleares, Murcia y Almería

JUNCO

Este tipo de junco crece en colonias de tallos robustos bien visibles cubiertos por numerosas inflorescencias globosas. Se puede observar esta planta ligeramente higrófila en zonas temporalmente húmedas, prados inundables y en las orillas de los cursos de agua. En un medio detrás de las dunas, se encuentran formas alargadas con una inflorescencia empobrecida, que a veces se atribuyen a la subespecie *australis* y que por su abundancia pueden estructurar el paisaje, como sucede en las dunas fijadas. La familia de las ciperáceas incluye muchas plantas herbáceas de medios húmedos como los cárices (género *Carex*), los *Scirpus* y juncias (género *Cyperus*, entre los cuales está el célebre papiro egipcio).

NOMBRE CIENTÍFICO
Scirpoides holoschoenus

FAMILIA
Ciperáceas

ALTURA
30-200 cm

PERIODO DE FLORACIÓN
Mayo-octubre

HÁBITATS PRINCIPALES
Zonas húmedas temporales, dunas

TIPOLOGÍA BIOLÓGICA
Perenne

FRECUENCIA
Muy común

DISTRIBUCIÓN
En todo el territorio

TÁRTAGO DE MAR

Esta robusta planta forma macizos erguidos densamente cubiertos de hojas gruesas. Tóxica como todas las euforbias, segrega un látex blanco y corrosivo, y presenta unas inflorescencias muy particulares, los ciatios, que se disponen como si fueran una umbela, y producen unas cápsulas divididas en tres partes. Estrictamente litoral, esta euforbia es, como indica su nombre, característica de las dunas y sufre la sobreafluencia de visitantes y la presión urbanística del litoral. Incluso ha desaparecido de muchas localidades en las últimas décadas. Es la planta huésped de una mariposa, la esfinge de las lechetreznas (*Hyles euphorbiae*), cuya oruga tiene unos colores muy vivos.

NOMBRE CIENTÍFICO
Euphorbia paralias

FAMILIA
Euforbiáceas

ALTURA
20-70 cm

PERIODO DE FLORACIÓN
Abril-septiembre

HÁBITATS PRINCIPALES
Dunas

TIPOLOGÍA BIOLÓGICA
Perenne

FRECUENCIA
Común

DISTRIBUCIÓN
En todo el litoral

COSCOJA

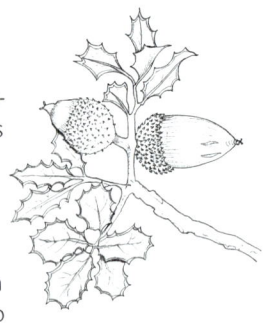

Esta encina en forma de arbusto está cubierta por pequeñas hojas muy coriáceas y con bordes espinosos, sin pelos y brillantes por ambas caras. Crece en lugares secos y áridos, sobre todo calcáreos, como las garrigas y los bosques claros. No se puede confundir con la encina (*Quercus ilex*), que en general es bastante más grande (3-20 m), salvo en individuos raquíticos. Además, la encina se distingue por sus hojas cubiertas de un vello blanquecino en el reverso. En la Edad Media, se extraía un tinte de color púrpura de un insecto parásito de la coscoja, llamado cochinilla de las encinas (*Kermes vermilio*).

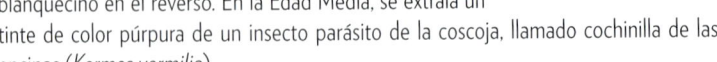

NOMBRE CIENTÍFICO
Quercus coccifera

FAMILIA
Fagáceas

ALTURA
50-200 cm

PERIODO DE FLORACIÓN
Abril-junio

HÁBITATS PRINCIPALES
Garrigas y maquias litorales, dunas boscosas

TIPOLOGÍA BIOLÓGICA
Perenne

FRECUENCIA
Común

DISTRIBUCIÓN
En todo el territorio

JUNCO ESPINOSO

El junco se presenta en densos mantos que mezclan los tallos y las hojas cilíndricas, robustas y erizadas, que terminan en una espina afilada. Su inflorescencia, compacta y de color marrón, también acaba en una punta peligrosa. A veces forma poblaciones abundantes y a menudo impenetrables en marismas litorales, en la segunda línea de dunas y en pequeñas lagunas salinas de la costa, a lo largo de todo el litoral. Puede confundirse con otra especie de la orilla del mar, el junco marítimo (*Juncus maritimus*), que no forma un penacho definido. La mayoría de las otras especies de junco crecen en zonas húmedas de agua dulce, son de menor tamaño y tienen inflorescencias poco visibles.

NOMBRE CIENTÍFICO
Juncus acutus

FAMILIA
Juncáceas

ALTURA
30-150 cm

PERIODO DE FLORACIÓN
Abril-junio

HÁBITATS PRINCIPALES
Marismas litorales, dunas

TIPOLOGÍA BIOLÓGICA
Perenne

FRECUENCIA
Muy común

DISTRIBUCIÓN
Presente en todo el litoral

TRIGLOCHIN BARRELIERI

Es una pequeña planta bulbosa que crece en grupos, con hojas basales, generalmente carnosas y filiformes, y con una inflorescencia en forma de largo racimo. Sus frutos son cápsulas espesas en la base y terminadas en tres puntas. El nombre de este género, *Triglochin*, proviene de dos palabras griegas que significan 'tres' y 'puntas'. Esta discreta planta de charcas salobres intermitentes y de depresiones tras las dunas es rara y muy localizada en los humedales de Cataluña. Su nombre está dedicado al botánico y viajero Jacques Barrelier, monje dominico del siglo XVII. La pequeña familia de las juncáceas está formada por plantas de marisma o de zonas húmedas temporales.

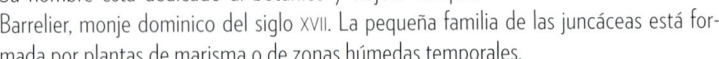

NOMBRE CIENTÍFICO
Triglochin barrelieri

FAMILIA
Juncáceas

ALTURA
10-30 cm

PERIODO DE FLORACIÓN
Marzo-mayo

HÁBITATS PRINCIPALES
Zonas húmedas intermitentes

TIPOLOGÍA BIOLÓGICA
Perenne

FRECUENCIA
Rara

DISTRIBUCIÓN
Aiguamolls de l'Empordà y el delta del Ebro

ABEJERA DE LA PASIÓN

El género *Ophrys* está formado por plantas muy características y, en general, muy vistosas, con un labelo firme, peludo o aterciopelado, que recuerda a un insecto, y adornado en su centro con un dibujo a menudo sin pelos. Estas orquídeas son conocidas por su estrategia de reproducción, que consiste en emitir feromonas análogas a las de los himenópteros femeninos para atraer a sus machos, con el objetivo de que visiten las flores y transporten el polen. La abejera de la pasión se caracteriza por sus sépalos largos y su labelo oscuro con dos bandas azuladas paralelas unidas en la base. Esta planta no es exclusivamente litoral, pero solo se encuentra en España, Francia e Italia, sobre todo en sustratos calcáreos.

NOMBRE CIENTÍFICO
Ophrys passionis

FAMILIA
Orquidáceas

ALTURA
15-40 cm

PERIODO DE FLORACIÓN
Marzo-abril

HÁBITATS PRINCIPALES
Prados secos, dunas

TIPOLOGÍA BIOLÓGICA
Perenne

FRECUENCIA
Localizada

DISTRIBUCIÓN
Litoral de las comarcas de Cataluña, principalmente

PINO CARRASCO

Este bien conocido pino muestra su silueta densa y su follaje verde claro por todo el perímetro mediterráneo. Presenta una corteza de color pardo plateado, largas hojas agrupadas de dos en dos y unas piñas de tamaño medio que contienen semillas aladas que el viento disemina. Resistente a la sequía y bastante a la sal, crece en condiciones ecológicas variadas: colinas, acantilados litorales, marismas salinas, a segunda línea de las playas. Pionero en la dinámica vegetal, permite la instalación de la encina en su sotobosque. En suelos arenosos, se encuentra junto al pino piñonero (*Pinus pinea*), que tiene forma de parasol y produce semillas comestibles, y al pino marítimo (*Pinus pinaster*), con piñas muy grandes.

NOMBRE CIENTÍFICO
Pinus halepensis

FAMILIA
Pináceas

ALTURA
5-20 m

PERIODO DE FLORACIÓN
Marzo-mayo

HÁBITATS PRINCIPALES
Acantilados litorales, dunas

TIPOLOGÍA BIOLÓGICA
Perenne

FRECUENCIA
Muy común

DISTRIBUCIÓN
Por todo el país

PLANTAGO CRASSIFOLIA

Esta pequeña planta carnosa se puede encontrar en las depresiones entre las dunas y en los márgenes de las marismas litorales salinas sobre sustratos arenosos o limosos. Las formaciones de *Plantago crassifolia* crecen en sustratos poco salinos y a veces albergan orquídeas raras como la *Spiranthes aestivalis*, la *Anacamptis fragrans* y varias especies de *Limonium*. Esta planta forma masas de hojas estrechas, carnosas y ligeramente en forma de racimo, de las que emergen unos tallos florales robustos.

NOMBRE CIENTÍFICO
Plantago crassifolia

FAMILIA
Plantagináceas

ALTURA
10-30 cm

PERIODO DE FLORACIÓN
Mayo-septiembre

HÁBITATS PRINCIPALES
Zonas húmedas litorales

TIPOLOGÍA BIOLÓGICA
Perenne

FRECUENCIA
Localizada

DISTRIBUCIÓN
En toda la costa este de la Península y Baleares

GLOSARIO

Alado/a (adj.): se dice de una parte de la planta (tallos, frutos, sépalos) que presenta expansiones foliares o alas.

Alterno/a (adj.): se dice de las hojas insertadas de manera alterna en el tallo.

Aquenio (n. m.): fruto seco indehiscente de una sola semilla.

Artículo (n. m.): parte de un órgano comprendida entre dos articulaciones, que se puede desprender.

Bífido/a (adj.): se dice de un órgano vegetal dividido en dos partes hasta la mitad de su longitud.

Bulbilo (n. m.): órgano de propagación rico en reservas nutritivas.

Bulboso/a (adj.): califica una especie que tiene bulbos (órgano subterráneo lleno de reservas nutritivas).

Cáliz (n. m.): conjunto de sépalos de una flor.

Capítulo (n. m.): inflorescencia formada por muchas flores pequeñas muy juntas sobre un receptáculo común, característico de las asteráceas.

Cápsula (n. f.): fruto seco dehiscente que generalmente contiene varias semillas (ejemplo: la amapola).

Ciatio (n. m.): tipo de inflorescencia muy especializada, característica de las euforbias.

Corola (n. f.): conjunto de pétalos de una flor.

Dioico/a (adj.): planta cuyas flores femeninas y masculinas crecen en pies distintos.

Endémico/a (adj.): se refiere a una especie localizada en una zona geográfica limitada.

Espiga (n. f.): inflorescencia formada por flores sésiles insertadas a lo largo de un eje simple.

Estambre (n. m.): órgano masculino de la flor que contiene el polen.

Folíolo (n. m.): cada una de las partes de una hoja compuesta.

Flósculo (n. m.): flor tubular muy pequeña que forma el capítulo o una parte del capítulo en algunas asteráceas.

Gimnosperma (n. f.): categoría de plantas cuyos frutos no están protegidos dentro de un fruto cerrado (ej.: pinos, efedras, enebros).

Glanduloso/a (adj.): provisto de glándulas.

Glauco/a (adj.): de color verde azulado o azul verdoso.

Halófilo/a (adj.): se dice de los organismos que soportan o necesitan sal para su desarrollo (plantas litorales expuestas a salpicaduras marinas o que crecen en suelos salinos).

Higrófilo/a (adj.): organismo que necesita una gran cantidad de agua y que se encuentra en medios húmedos.

Indehiscente (adj.): que no se abre espontáneamente al madurar (es lo contrario de *dehiscente*).

Inflorescencia (n. f.): conjunto de flores de un mismo tallo, que pueden agruparse de diversas formas.

Labelo (n. m.): pétalo central de la flor de las orquidáceas, generalmente muy distinto de los otros y que normalmente apunta hacia el suelo.

Látex (n. m.): sustancia de composición variada, generalmente blanca y lechosa, a veces tóxica, producida por algunas plantas (por ejemplo, las euforbias).

Limbo (n. m.): parte de la hoja, generalmente plana y alargada, con nervios; unida al tallo por un pecíolo.

Leñoso/a (adj.): califica a los vegetales perennes que forman un tronco o al menos una base coriácea de madera.

Lígula (n. f.): pequeña flor prolongada en forma de lengüeta que forma el capítulo o una parte del capítulo en algunas asteráceas.

Ligulado/a (adj.): que está provisto de una lígula.

Monocotiledonia (n. f.): planta con flor que se caracteriza por tener un solo cotiledón en la germinación y hojas simples con nervios generalmente paralelos (por ejemplo: gramíneas y muchas plantas bulbosas).

Nitrófilo/a (adj.): se dice de los vegetales a los que les gustan los suelos ricos en materia orgánica.

Oblongo/a (adj.): órgano vegetal mucho más largo que ancho y redondeado en ambos extremos.

Opuesto/a (adj.): se dice de las hojas insertadas de dos en dos y de forma opuesta a lo largo del tallo.

Orejitas (n. f.): expansiones, generalmente simétricas, en la base del limbo de una hoja, que en parte rodean el tallo.

Panícula (n. f.): tipo de inflorescencia en la cual los ramillos secundarios disminuyen de tamaño desde la base hacia la parte superior.

Papo (n. m.): conjunto o corona de pelos o plumas que rodean algunos frutos y que favorecen su dispersión por el viento.

Pecíolo (n. m.): eje que une el limbo de una hoja con el tallo.

Pedúnculo (n. m.): eje que sostiene una flor o un conjunto de flores.

Pétalo (n. m.): cada una de las piezas florales, generalmente coloreadas, que forman la corola de una flor.

Psammófilo/a (adj.): se dice de una planta que se desarrolla sobre un sustrato arenoso.

Racimo (n. m.): tipo de inflorescencia formada por un eje primario del que salen ramillos que terminan en flores aisladas.

Ramilloso/a (adj.): que tiene varios ramillos.

Receptáculo (n. m.): superficie donde se insertan las piezas florales.

Rizoma (n. m.): tallo subterráneo que emite tallos aéreos y raíces.

Roseta (n. f.): conjunto de hojas dispuestas en círculo, normalmente en la base del tallo.

Ruderal (adj.): se dice de una planta que crece en medios muy impactados por la actividad humana, con alta concentración de nitratos (bordes de carreteras, terrenos abandonados).

Sépalo (n. m.): cada una de las piezas florales, generalmente verdes, situadas debajo de los pétalos y que forman el cáliz de una flor.

Sésil (adj.): se dice de una flor sin pedúnculo o de una hoja sin pecíolo.

Suculento/a (adj.): se dice de los órganos vegetales (hojas, tallos...) o plantas muy carnosas y llenas de agua, adaptadas a resistir periodos de sequía (sinónimo de *craso*).

Taxonomía (n. f.): arte de nombrar y clasificar a los seres vivos.

Tépalo (n. m.): nombre dado a los pétalos y sépalos cuando tienen el mismo aspecto (ejemplo: el narciso).

Termófilo/a (adj.): se dice de una planta o formación vegetal que se desarrolla en lugares cálidos y soleados.

Tuberizado/a (adj.): se dice de un órgano hipertrofiado como un tubérculo, porque está lleno de reservas nutritivas que ayudan a la planta a pasar la mala estación.

Umbela (n. f.): inflorescencia con pedúnculos florales que nacen del mismo punto y que tienen las flores en un mismo plano, especialmente en las apiáceas.

Vaina (n. f.): fruto formado por dos valvas que se abren cuando maduran, típico de las fabáceas (por ejemplo, la judía verde).

Valva (n. f.): pieza externa de algunos frutos que permite su apertura cuando están maduros.

ÍNDICE DE NOMBRES COMUNES

ÍNDICE DE NOMBRES CIENTÍFICOS

PARA SABER MÁS

Larroque, Benoît; Favennec, Jean (dirs.) (2016). *Guide de la flore du littoral sableux méditerranéen*. Office National des Forêts / Éditions Sud Ouest.

Paradis, Guilhan; Gomila, Hervé (2016). *Guide des plantes méditerranéennes*. Belin.

Rameau, Jean-Claude; Mansion, Dominique; Dumé, Gérard; Gauberville, Christian (2008). *Flore forestière française*, tom 3: regió mediterrània. Institut pour le Développement Forestier, 2008.

CRÉDITOS DE LAS FOTOGRAFÍAS

FLORES DEL LITORAL MEDITERRÁNEO

CUADERNO DE CAMPO

CUATRO NOCIONES
DE **BOTÁNICA**

LA OBSERVACIÓN INDISPENSABLE

Como toda actividad naturalista, la botánica requiere, si queremos identificar las diferentes especies, tomarse un tiempo para observar. Además, hay que saber mirar. No basta, por ejemplo, con recordar que se han visto "florecillas blancas de cuatro pétalos": la consulta de una flora detallada no nos servirá de nada, porque hay muchas especies con esas características. Así que hay que estar atentos no solo a las flores, sino también a las otras partes de la planta, a su tamaño y arquitectura, así como a su hábitat y a la fecha en que se ha realizado la observación de su floración. Las fotografías, dibujos y textos de la guía de especies, lógicamente, os permitirán reconocer cada una de las ochenta plantas con flores presentes en el litoral mediterráneo continental. Excepto en algunas especies que se reconocen a primera vista, como la azucena de mar, todo ello requerirá dedicar parte de vuestro tiempo a la observación de la planta. Durante vuestras excursiones en compañía de esta guía, no dudéis ni un momento en llevar una lupa de botánico capaz de alcanzar los diez aumentos. Este objeto, que no cuesta nada y que no os resultará molesto, os ofrecerá no solo un placer indescriptible (!) al admirar de cerca las flores que más os atraigan, sino también una ayuda preciosa para apreciar algunos caracteres poco visibles a simple vista.

LA FLOR Y SU ESTRUCTURA

En la mayoría de los casos, las flores de un vegetal son lo que atrae la mirada en primer lugar y plantean a las personas curiosas la pregunta "¿de quién son estas flores?". De hecho, la observación de su estructura permite, con un poco de práctica, hacerse una idea rápida de la familia, e incluso del género, al que pertenece esa planta.

¿Cómo es una flor? Está formada, de fuera hacia dentro, por un **cáliz** compuesto por **sépalos** libres o soldados (a menudo verdes), una **corola** constituida por pétalos libres o soldados (a menudo de colores o blancos), **estambres** y un **pistilo**, que son respectivamente los órganos masculinos y femeninos de la planta. Un estambre es un **filamento** y una **antera** (que contiene el polen). Un **pistilo** es un ovario (formado por uno o más **carpelos** libres o soldados que contienen cada uno uno o varios óvulos), con uno o varios **estilos** en la parte superior, que llevan en su extremo un **estigma** (que recibe el polen). Todo ello está insertado en un **receptáculo** sostenido por un **pedúnculo** más o menos largo que une la flor al tallo, y en cuya base se encuentra a menudo uno o varios órganos con aspecto de hoja, llamados **brácteas**.

ESTRUCTURA DE UNA FLOR

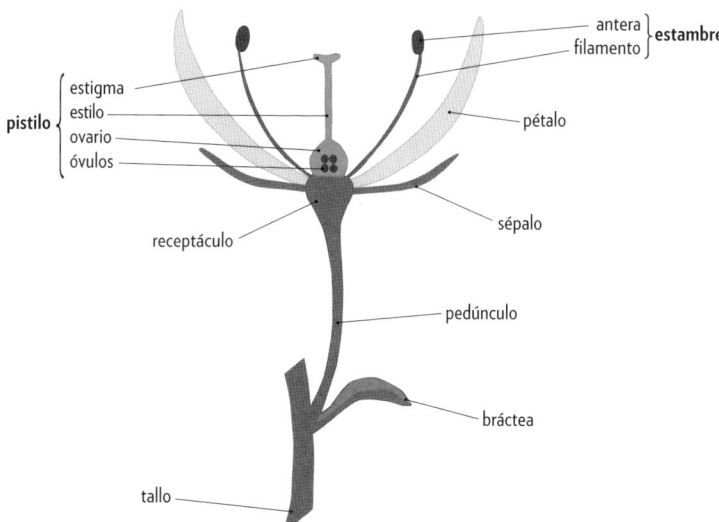

Todo lo que hemos dicho antes solo sirve para los casos más simples. Porque a veces, fuera de sus posiciones (externa, interna), los sépalos y los pétalos apenas se diferencian: en este caso se habla de tépalos (ver el gamón, en la pág. 32). También puede suceder que las flores no tengan cáliz ni corola, o ninguna de las dos cosas. A veces las flores son solo masculinas, sin pistilo, o femeninas, sin estambres. Incluso puede ocurrir que lo que un principiante podría considerar una flor sea en realidad un número más o menos importante de flores agrupadas en lo que se llama un capítulo, que en realidad es un tipo particular de inflorescencia (ver más adelante). Este es especialmente el caso de todas las especies de la familia de las asteráceas, o "compuestas", cuyos capítulos pueden estar formados únicamente por **flores en tubo** (como la perpetua silvestre, pág. 38), solo por flores **liguladas** (cada una de ellas con una pequeña lengüeta, como en el caso de la cerraja, pág. 42), o de flores en tubo en el centro y flores liguladas en la periferia (como la manzanilla marítima, pág. 19).

OBSERVAR LAS FLORES DETALLADAMENTE

Con estas informaciones básicas, acostumbraos, cuando observéis una flor, a anotar los siguientes datos, y acompañad vuestras notas con pequeños dibujos (esto os ayudará mucho a memorizar):
– su talla (por ejemplo, el diámetro de la corola);
– el número de sépalos y pétalos (o tépalos), su forma, color y posible pilosidad;
– la forma libre o más o menos soldada de los sépalos y los pétalos (o de los tépalos);
– el tamaño de los sépalos en relación con los pétalos (¿sobresalen o no sobre la corola?);
– la simetría de las flores (que puede ser axial, cuando los pétalos son todos semejantes, como en el caso de las primuláceas, por ejemplo, o bilateral, cuando los pétalos no son iguales, como en los tréboles y las orquídeas, por ejemplo);
– el número de estambres, el color de los filamentos y si son pilosos o no, así como el color de las anteras;
– el número de estilos y la disposición de los estigmas (si hay más de uno);
– la consistencia, la forma y el color de las brácteas.
Un consejo: empezad por flores de gran tamaño, que podréis observar fácilmente con detalle sin lupa, y elegid flores jóvenes, con todas sus piezas florales (ya que pueden desprenderse durante la floración).

OBSERVAR LAS INFLORESCENCIAS

Cuando hayáis hecho esto, interesaos también por la forma en que se disponen las flores sobre la planta. A veces son solitarias en el extremo de los tallos, pero lo más habitual es que se encuentren reunidas en inflorescencias: en **racimos** (como la arveja roja, pág. 59); en **espiga**, es decir, en un racimo pero con flores sin pedúnculo, unidas directamente al tallo (como en la centaura, pág. 61); en **umbela**, cuando las flores se sostienen en pedúnculos situados al mismo nivel en el tallo, formando así una inflorescencia plana o más o menos convexa, incluso esférica (ver la zanahoria bastarda, pág.

17); en **corimbos**, flores dispuestas más o menos en un mismo plano, con pedúnculos insertados a diferentes niveles del tallo, y, por tanto, de diferentes longitudes; en **cima**, inflorescencia ramificada con un eje principal que termina en una flor (ver la silene, pág. 21); en **glomérulo**, inflorescencia densa con flores insertadas en forma de círculo alrededor del tallo; en **capítulo** (véase más arriba el párrafo titulado "La flor y su estructura"). Todas estas inflorescencias se llaman **simples**. También existen inflorescencias **compuestas**: racimo de racimos (= panícula), umbela de umbelas, corimbo de capítulos...

LAS HOJAS Y SU ESTRUCTURA

Las hojas de las plantas se encuentran entre los otros elementos clave para la determinación de las especies. ¿Qué es una hoja? De entrada, es un **pecíolo** (a veces ausente, y entonces hablamos de una hoja **sésil**, como en el tártago de mar, pág. 85), que constituye el punto de unión de la hoja con el tallo de la planta. A menudo, el pecíolo presenta en su base dos estípulas, pequeñas piezas con aspecto de hoja, y, en el punto de unión con el tallo, un brote más o menos desarrollado llamado **brote axilar**. A veces, la base del pecíolo es muy ancha y forma una especie de vaina, algo que se observa especialmente en numerosas apiáceas. Después viene una parte ancha, llamada **limbo**, que presenta una **base**, un **ápice**, un **borde** y **nervios**.

Una hoja puede ser **simple** o **compuesta**. En este último caso, el limbo está formado por varios **folíolos**, que pueden disponerse a un lado y otro de la prolongación del pecíolo, llamado **raquis** (hoja compuesta **pinnada**, como en el caso del lentisco, pág. 54), o naciendo todos de un mismo punto (hoja compuesta **palmada**, como el palmito, pág. 81). (Ver los esquemas en la siguiente página.)

OBSERVAR LAS HOJAS DETALLADAMENTE

Una vez hayáis asimilado todo lo dicho hasta aquí, acostumbraos a anotar la siguiente información referente a las hojas de la planta que estéis observando:
– su naturaleza: simple o compuesta;
– el tamaño: longitud y anchura;
– la disposición de los nervios: nervios paralelos, pinnados o palmados;
– la consistencia del limbo: flexible, rígido, coriáceo...;
– el color del limbo (tanto en el haz como en el envés), su aspecto brillante o mate, la presencia de posibles pelos;

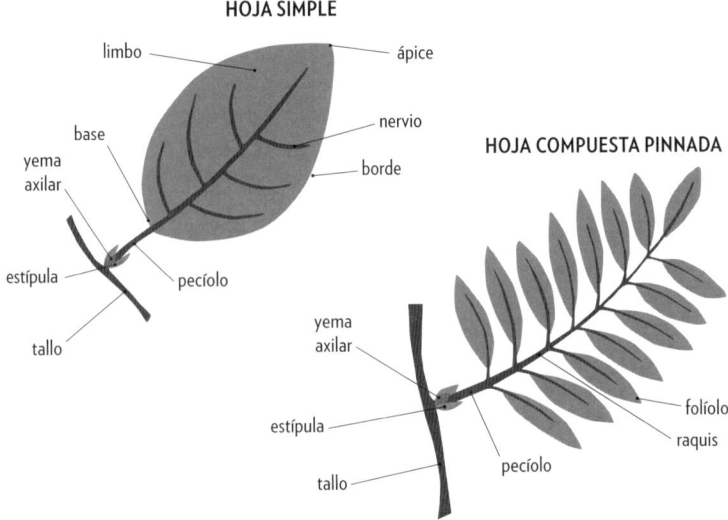

HOJA SIMPLE

limbo
ápice
base
nervio
yema axilar
borde
estípula
pecíolo
tallo

HOJA COMPUESTA PINNADA

yema axilar
estípula
pecíolo
tallo
folíolo
raquis

– la forma general del limbo: ovalado, elíptico, en forma de corazón (como la zarza-parrilla, pág. 66), en forma de flecha, de aguja...;
– la forma de la base del limbo y de su ápice;
– la forma del margen: entero, ondulado, dentado, lobulado;
– la presencia de estípulas, de una vaina, de filamentos en el extremo de las hojas...
Igual que la disposición de las flores, la disposición de las hojas sobre una planta es un elemento primordial para la identificación. Por tanto, fijaos si las hojas están:
– en roseta en la base de la planta (como la lechuguilla, pág. 31);
– alternas a lo largo del tallo (hojas **alternas**, como la zarzaparrilla, pág. 66);
– en pares a lo largo del tallo, de manera que las hojas de cada par estén unidas al mismo nivel del tallo (hojas opuestas, como el abrojo, pág. 53);
– en "círculos" (= verticilos) alrededor del tallo (hojas **verticiladas**).
Atención: algunas plantas pueden presentar a la vez una roseta de hojas basales y hojas a lo largo del tallo (como en el caso de la cerraja, pág. 42).

OBSERVAR DETALLADAMENTE LOS TALLOS

El tallo o los tallos de una planta pueden tener en algunos casos una gran importancia a la hora de identificar correctamente una especie. Adoptad, pues, la costumbre de observarlos atentamente y de anotar la siguiente información sobre un tallo:

– su altura, su porte (¿es erecto?, ¿rastrero?, ¿curvado?, ¿voluble, es decir, enrollado alrededor de un soporte?) y las posibles ramificaciones que tenga;

– su consistencia (¿es rígido?, ¿blando?, ¿está hueco por dentro o es macizo?);

– su aspecto al tacto (¿es liso?, ¿estriado?, ¿rugoso?, ¿peloso?, ¿aterciopelado?, ¿espinoso?);

– la forma de su sección (¿es redonda?, ¿cuadrada?, ¿triangular?, ¿aplanada?);

– su color, su aspecto mate o brillante.

¿Y SUS FRUTOS?

La observación de los frutos puede ser, evidentemente, muy importante para identificar una especie, sobre todo cuando ha pasado la época de floración. Para una descripción de los diferentes tipos de frutos, os invitamos a consultar bibliografía específica. Algunas obras útiles las encontraréis en www.lectio.es.

¿Y SU OLOR?

Las plantas mediterráneas a menudo presentan olores característicos que pueden ayudarnos a identificarlas. Este importante criterio debe comprobarse sobre el terreno.

A MODO DE CONCLUSIÓN

Como ya se puede ver en la nota que acabamos de escribir, el vocabulario botánico es extraordinariamente amplio; la variación de las plantas también lo es. Que todo ello no os desanime: esta diversidad de los elementos vegetales forma parte, por el contrario, del placer de herborizar. Dicho esto, podéis empezar por aprender lo que os resulte más sencillo, especialmente con las especies que ya conozcáis, sin olvidar tomar notas y hacer pequeños dibujos para ayudaros. El cuaderno de campo que encontraréis en la pág. 108 os permitirá, además, guardar un recuerdo de vuestros hallazgos con las flores del litoral mediterráneo en la "guía de las especies".

CÓMO FOTOGRAFIAR
LAS **PLANTAS**

¿PARA QUÉ FOTOGRAFIAR LAS PLANTAS?

Tomar fotografías de las plantas resulta realmente interesante. Más allá del placer de poder conservar recuerdos de los encuentros con la flora, la fotografía permite crear un herbario de bajo costo sin necesidad de alterar el mundo vegetal. Además, puede sustituir un eventual croquis con vistas a una futura identificación con la ayuda de una guía detallada o de una persona experta.

¿QUÉ MATERIAL UTILIZAR?

Si aún no estáis equipados, podéis elegir, según vuestro presupuesto y vuestras aspiraciones, una cámara réflex, una bridge o una compacta; todas os permitirán tomar fotos de flores. Sin embargo, aseguraos de que vuestra cámara cuente con un objetivo o una función macro, ya que esto os permitirá hacer fotografías a muy corta distancia. Por el contrario, un teleobjetivo o una función de zoom os permitirá captar todo el sujeto desde lejos, lo que puede ser muy útil si, por ejemplo, no podéis acceder directamente a la planta porque se encuentra en la cima de un acantilado con mucha pendiente.

Además, sea cual sea el tipo de equipo que tengáis en mente, aseguraos de que tenga una buena resolución (10 millones de píxeles son suficientes). Contar con una función manual para ajustar los parámetros de la fotografía es un plus muy útil, así como una pantalla orientable.

ALGUNOS CONSEJOS

Excepto si estáis buscando imágenes artísticas, evitad siempre que podáis fotografiar la planta a contraluz. Intentad tener, si es posible, el sol a vuestra espalda o ligeramente de lado. También evitad las luces duras del mediodía y dad preferencia a las más suaves de las primeras horas tras la salida del sol, así como al final del día.

Por otro lado, prestad atención al ángulo de vuestras perspectivas. Las plantas tienen tamaños muy variados, así que no dudéis en agacharos o incluso tumbaros para captar la planta en su conjunto, especialmente en las tomas generales destinadas a documentarlas. Dicho esto, gracias a la tecnología digital y dado que la planta no se moverá, tenéis total libertad para hacer tantas fotos como queráis.

¿QUÉ IMÁGENES TOMAR DE UNA PLANTA?

Solo con prestar un poco de atención al hacer una fotografía, prácticamente todas pueden resultar útiles, ya sea desde un punto de vista estético o documental.

Siempre será recomendable hacer fotos de la planta en su conjunto, así como de su entorno inmediato. No olvidéis tomar al menos una fotografía en la que la planta aparezca junto a un objeto de referencia para estimar su tamaño (una moneda, la tapa del objetivo, una regleta...).

Además, al igual que en la observación, todas las partes de la planta son interesantes para fotografiar: vista de cerca de la inflorescencia, detalles de las flores, hojas, tallos... todo lo que vuestro equipo os permita captar. Intentad variar escalas y ángulos para recopilar la mayor cantidad de información posible sobre la especie, de manera que más tarde podáis compararla con las descripciones de una guía. No olvidéis anotar no solo lo que fotografiáis, sino también lo que habéis podido observar sin capturar en imágenes, así como el lugar donde realizasteis la fotografía.

ELEGIR Y CLASIFICAR

Si la tecnología digital nos ofrece la innegable comodidad de poder hacer prácticamente un número ilimitado de fotografías, esta misma comodidad puede convertirse rápidamente en un inconveniente cuando queráis encontrar una imagen entre miles, o incluso más. Por ello, la disciplina es esencial y comienza con una selección rigurosa durante vuestras sesiones de fotografía. No tiene sentido guardar imágenes inutilizables, ni conservar múltiples tomas casi idénticas. Guardad solo lo que realmente os sea útil y las mejores capturas.

No olvidéis etiquetar vuestras imágenes, algo que se puede hacer fácilmente con un programa de edición, el cual también os permitirá corregir algunas imágenes con problemas de exposición. Una vez hecha la selección, organizad las fotos de manera que podáis encontrarlas fácilmente. Al principio, unas carpetas bien etiquetadas pueden ser suficientes, pero, cuando el número de imágenes aumenta significativamente, solo una base de datos os garantizará una búsqueda cómoda. Sería una pena no aprovechar esta opción cuando existen herramientas gratuitas disponibles.

CALENDARIO DE FLORACIÓN
DE LAS **FLORES DEL LITORAL MEDITERRÁNEO**

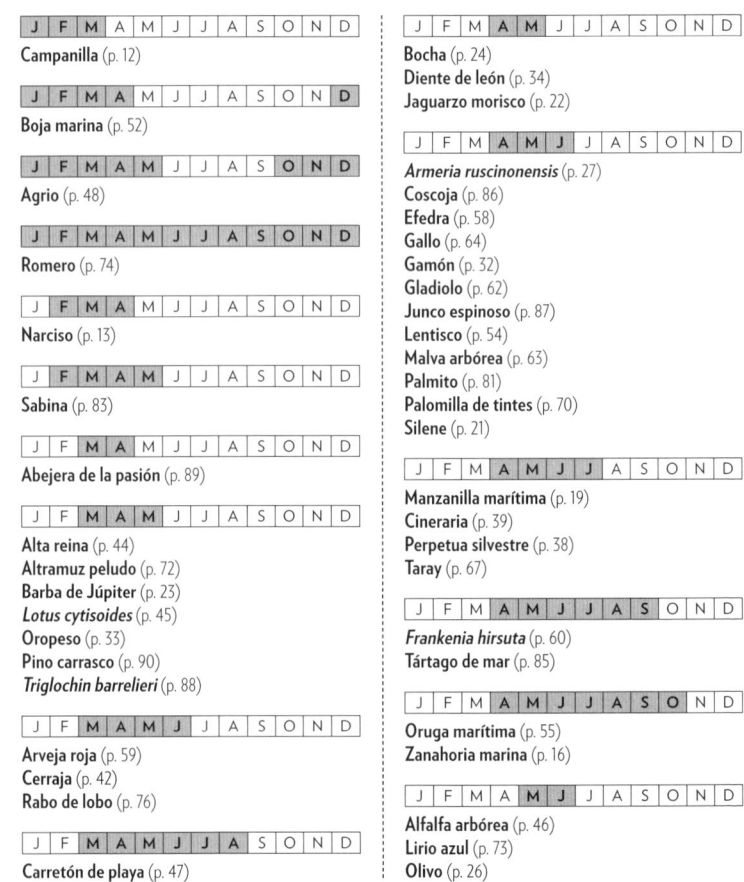

J	F	M	A	M	J	J	A	S	O	N	D

Campanilla (p. 12)

Boja marina (p. 52)

Agrio (p. 48)

Romero (p. 74)

Narciso (p. 13)

Sabina (p. 83)

Abejera de la pasión (p. 89)

Alta reina (p. 44)
Altramuz peludo (p. 72)
Barba de Júpiter (p. 23)
Lotus cytisoides (p. 45)
Oropeso (p. 33)
Pino carrasco (p. 90)
Triglochin barrelieri (p. 88)

Arveja roja (p. 59)
Cerraja (p. 42)
Rabo de lobo (p. 76)

Carretón de playa (p. 47)

Bocha (p. 24)
Diente de león (p. 34)
Jaguarzo morisco (p. 22)

Armeria ruscinonensis (p. 27)
Coscoja (p. 86)
Efedra (p. 58)
Gallo (p. 64)
Gamón (p. 32)
Gladiolo (p. 62)
Junco espinoso (p. 87)
Lentisco (p. 54)
Malva arbórea (p. 63)
Palmito (p. 81)
Palomilla de tintes (p. 70)
Silene (p. 21)

Manzanilla marítima (p. 19)
Cineraria (p. 39)
Perpetua silvestre (p. 38)
Taray (p. 67)

Frankenia hirsuta (p. 60)
Tártago de mar (p. 85)

Oruga marítima (p. 55)
Zanahoria marina (p. 16)

Alfalfa arbórea (p. 46)
Lirio azul (p. 73)
Olivo (p. 26)

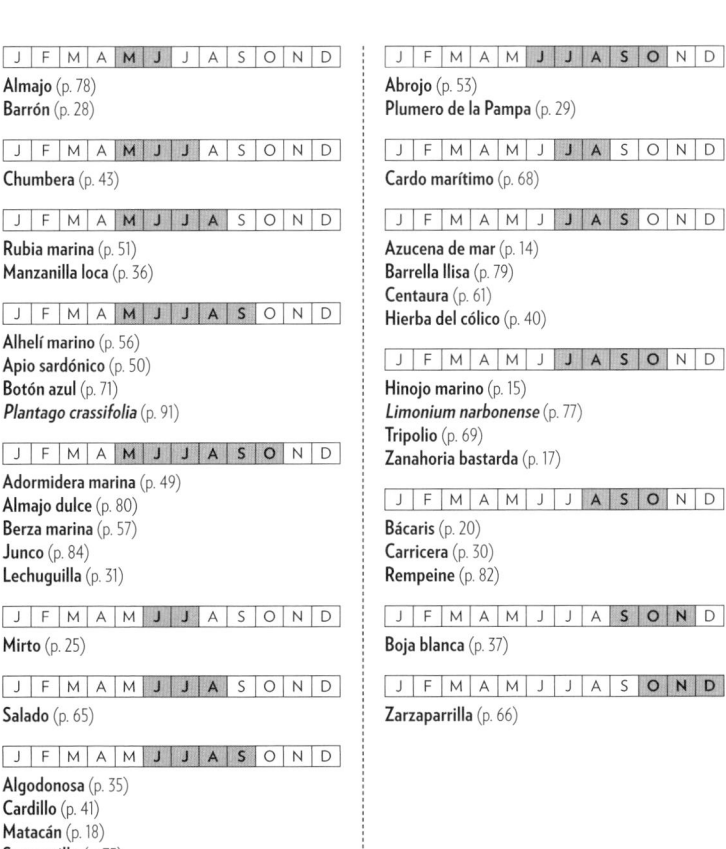

J F M **A** **M** **J** J A S O N D
Almajo (p. 78)
Barrón (p. 28)

J F M A **M** **J** **J** A S O N D
Chumbera (p. 43)

J F M A **M** **J** **J** **A** S O N D
Rubia marina (p. 51)
Manzanilla loca (p. 36)

J F M **A** **M** **J** **J** **A** **S** O N D
Alhelí marino (p. 56)
Apio sardónico (p. 50)
Botón azul (p. 71)
Plantago crassifolia (p. 91)

J F M A **M** **J** **J** **A** **S** **O** N D
Adormidera marina (p. 49)
Almajo dulce (p. 80)
Berza marina (p. 57)
Junco (p. 84)
Lechuguilla (p. 31)

J F M A M **J** **J** A S O N D
Mirto (p. 25)

J F M A M **J** **J** **A** S O N D
Salado (p. 65)

J F M A M **J** **J** **A** **S** O N D
Algodonosa (p. 35)
Cardillo (p. 41)
Matacán (p. 18)
Sauzgatillo (p. 75)

J F M A M **J** **J** **A** **S** **O** N D
Abrojo (p. 53)
Plumero de la Pampa (p. 29)

J F M A M J **J** **A** S O N D
Cardo marítimo (p. 68)

J F M A M J **J** **A** **S** O N D
Azucena de mar (p. 14)
Barrella llisa (p. 79)
Centaura (p. 61)
Hierba del cólico (p. 40)

J F M A M J **J** **A** **S** **O** N D
Hinojo marino (p. 15)
Limonium narbonense (p. 77)
Tripolio (p. 69)
Zanahoria bastarda (p. 17)

J F M A M J J **A** **S** **O** N D
Bácaris (p. 20)
Carricera (p. 30)
Rempeine (p. 82)

J F M A M J J A **S** **O** **N** D
Boja blanca (p. 37)

J F M A M J J A S **O** **N** **D**
Zarzaparrilla (p. 66)

CUADERNO DE OBSERVACIÓN
DE LAS **FLORES DEL LITORAL MEDITERRÁNEO**

Abejera de la pasión (p. 89)

Fecha	Lugar	Comentario

Abrojo (p. 53)

Fecha	Lugar	Comentario

Adormidera marina (p. 49)

Fecha	Lugar	Comentario

Agrio (p. 48)

Fecha	Lugar	Comentario

Alfalfa arbórea (p. 46)

Fecha	Lugar	Comentario

Algodonosa (p. 35)

Fecha	Lugar	Comentario

Alhelí marino (p. 56)

Fecha	Lugar	Comentario

Almajo (p. 78)

Fecha	Lugar	Comentario

Almajo dulce (p. 80)

Fecha	Lugar	Comentario

Alta reina (p. 44)

Fecha	Lugar	Comentario

Altramuz peludo (p. 72)

Fecha	Lugar	Comentario

Apio sardónico (p. 50)

Fecha	Lugar	Comentario

Armeria ruscinonensis (p. 27)

Fecha	Lugar	Comentario

Arveja roja (p. 59)

Fecha	Lugar	Comentario

Azucena de mar (p. 14)

Fecha	Lugar	Comentario

Bácaris (p. 20)

Fecha	Lugar	Comentario

CUADERNO DE OBSERVACIÓN DE LAS **FLORES DEL LITORAL MEDITERRÁNEO**

Barba de Júpiter (p. 23)

Fecha	Lugar	Comentario

Barrella llisa (p. 79)

Fecha	Lugar	Comentario

Barrón (p. 28)

Fecha	Lugar	Comentario

Berza marina (p. 57)

Fecha	Lugar	Comentario

Bocha (p. 24)

Fecha	Lugar	Comentario

Boja blanca (p. 37)

Fecha	Lugar	Comentario

Boja marina (p. 52)

Fecha	Lugar	Comentario

Botón azul (p. 71)

Fecha	Lugar	Comentario

Campanilla (p. 12)

Fecha	Lugar	Comentario

Cardillo (p. 41)

Fecha	Lugar	Comentario

Cardo marítimo (p. 68)

Fecha	Lugar	Comentario

Carretón de playa (p. 47)

Fecha	Lugar	Comentario

Carricera (p. 30)

Fecha	Lugar	Comentario

Centaura (p. 61)

Fecha	Lugar	Comentario

Cerraja (p. 42)

Fecha	Lugar	Comentario

Chumbera (p. 43)

Fecha	Lugar	Comentario

CUADERNO DE OBSERVACIÓN DE LAS **FLORES DEL LITORAL MEDITERRÁNEO**

Cineraria (p. 39)

Fecha	Lugar	Comentario

Coscoja (p. 86)

Fecha	Lugar	Comentario

Diente de león (p. 34)

Fecha	Lugar	Comentario

Efedra (p. 58)

Fecha	Lugar	Comentario

Frankenia hirsuta (p. 60)

Fecha	Lugar	Comentario

Gallo (p. 64)

Fecha	Lugar	Comentario

Gamón (p. 32)

Fecha	Lugar	Comentario

Gladiolo (p. 62)

Fecha	Lugar	Comentario

CUADERNO DE OBSERVACIÓN DE LAS **FLORES DEL LITORAL MEDITERRÁNEO**

Hierba del cólico (p. 40)

Fecha	Lugar	Comentario

Hinojo marino (p. 15)

Fecha	Lugar	Comentario

Jaguarzo morisco (p. 22)

Fecha	Lugar	Comentario

Junco (p. 84)

Fecha	Lugar	Comentario

Junco espinoso (p. 87)

Fecha	Lugar	Comentario

Lechuguilla (p. 31)

Fecha	Lugar	Comentario

Lentisco (p. 54)

Fecha	Lugar	Comentario

Limonium narbonense (p. 77)

Fecha	Lugar	Comentario

Lirio azul (p. 73)

Fecha	Lugar	Comentario

Lotus cytisoides (p. 45)

Fecha	Lugar	Comentario

Malva arbórea (p. 63)

Fecha	Lugar	Comentario

Manzanilla loca (p. 36)

Fecha	Lugar	Comentario

Manzanilla marítima (p. 19)

Fecha	Lugar	Comentario

Matacán (p. 18)

Fecha	Lugar	Comentario

Mirto (p. 25)

Fecha	Lugar	Comentario

Narciso (p. 13)

Fecha	Lugar	Comentario

CUADERNO DE OBSERVACIÓN DE LAS **FLORES DEL LITORAL MEDITERRÁNEO**

Olivo (p. 26)

Fecha	Lugar	Comentario

Oropeso (p. 33)

Fecha	Lugar	Comentario

Oruga marítima (p. 55)

Fecha	Lugar	Comentario

Palmito (p. 81)

Fecha	Lugar	Comentario

Palomilla de tintes (p. 70)

Fecha	Lugar	Comentario

Perpetua silvestre (p. 38)

Fecha	Lugar	Comentario

Pino carrasco (p. 90)

Fecha	Lugar	Comentario

Plantago crassifolia (p. 91)

Fecha	Lugar	Comentario

Plumero de la Pampa (p. 29)

Fecha	Lugar	Comentario

Rabo de lobo (p. 76)

Fecha	Lugar	Comentario

Rempeine (p. 82)

Fecha	Lugar	Comentario

Romero (p. 74)

Fecha	Lugar	Comentario

Rubia marina (p. 51)

Fecha	Lugar	Comentario

Sabina (p. 83)

Fecha	Lugar	Comentario

Salado (p. 65)

Fecha	Lugar	Comentario

Sauzgatillo (p. 75)

Fecha	Lugar	Comentario

Silene (p. 21)

Fecha	Lugar	Comentario

Taray (p. 67)

Fecha	Lugar	Comentario

Tártago de mar (p. 85)

Fecha	Lugar	Comentario

Triglochin barrelieri (p. 88)

Fecha	Lugar	Comentario

Tripolio (p. 69)

Fecha	Lugar	Comentario

Zanahoria bastarda (p. 17)

Fecha	Lugar	Comentario

Zanahoria marina (p. 16)

Fecha	Lugar	Comentario

Zarzaparrilla (p. 66)

Fecha	Lugar	Comentario